Die Geschichte der Kindheit
Eine Geschichte der Mutterliebe?

von

Alexandra Baumbach

Books on Demand

Bibliografische Information der Deutschen Nationalbibliothek

Die Deutsche Nationalbibliothek verzeichnet diese Publikation in der Deutschen Nationalbibliografie; detaillierte bibliografische Daten sind im Internet über http://dnb.d-nb.de abrufbar.

Herstellung und Verlag:
Books on Demand GmbH, Norderstedt

ISBN 978-3-8391-9073-9

Printed in Germany

Kinder, die man nicht liebt, werden Erwachsene, die nicht lieben.

(Pearl S. Buck)

Inhalt

Einleitung

Die Geschichte der Kindheit ist eine Geschichte der „Kristallisation der Muttergefühle".[1]

Muttergefühle, Mutterliebe, als *Begleiterscheinung* oder als *Initiator* eines langsam einsetzenden Bewusstseinprozesses, in dessen Verlauf man auf den Gegenstand „Kindheit" stößt? Diese Betrachtungsweise würde implizieren, dass es Kindheit immer gab - oder wurde sie gar erfunden? Wenn es so gewesen wäre, welche Rolle spielte die „Mutterliebe" dabei?

„Soziologen schlagen vor, Kindheit als eine soziale Konstruktion oder *Erfindung* (Hervorhebung von der Autorin) zu betrachten, die, weit davon entfernt, unvermeidlich und natürlich zu sein, unter bestimmten historischen Bedingungen durch bestimmte soziale und ökonomische Veränderungen hervorgebracht wurde und sich entwickelt hat."[2]

Betrachtet man Literatur zur Geschichte der Kindheit, stößt man auf Begriffe wie Gleichgültigkeit, mangelnde Pflege und Fürsorge bis hin zu körperlicher und sexueller Misshandlung, Aussetzung und Tötung. Verhaltensmuster,

---

[1] Shorter : die große Umwälzung d. Mutter-Kind-Beziehung v. 18. – 20 Jh. S. 503
[2] Sluckin S. 28

die den damaligen Alltag der Kinder kennzeichneten und nur schwer in dieser Tragweite nach unseren heutigen Vorstellungen mit konventioneller Kindererziehung assoziierbar sind. Aber auch heute werden Kinder vernachlässigt, misshandelt und getötet – der amerikanische Psychohistoriker Lloyd deMause erklärt dies damit, „dass die psychogenetische Evolution in verschiedenen Familienbahnen mit unterschiedlicher Geschwindigkeit voranschreitet und dass viele Eltern in früheren historischen Formen stecken geblieben sind." [3]

Liebten Mütter früher ihre Kinder nicht? Oder lohnte es sich vielleicht früher aufgrund der hohen Säuglinssterblichkeit nicht, die Kinder zu lieben, Gefühle zu investieren, wie Ariès und Badinter vermuten?[4] Oder mangelte es Ihnen „nur" an emotionaler Reife und nicht an Liebe, wie deMause mutmaßt?[5] Ist Mutterliebe am Ende nur ein Gefühl, dass man entweder hat oder nicht und der Mutterinstinkt gar ein Mythos wie Badinter behauptet?[6] Wahrscheinlich, denn für Irene Hardach-Pinke gewinnt die positive Mutter-Kind-Beziehung im Laufe ihrer Untersuchung den „Charakter einer historischen Sonderform"[7].

Tatsache ist jedoch, dass im Laufe der Jahrhunderte ein Wandel in der Mutter-Kind-Beziehung stattgefunden hat. Klaus Arnold weist in diesem Zusammenhang darauf hin, dass sich weder die Erwachsenen noch die Kinder verändert haben, sondern ihre Beziehung zueinander zu Beginn

---

[3] deMause S. 82. Der Autor bezieht sich auf sein „Periodisierungsschema" auf das noch später eingegangen wird.
[4] Ariès S.98 und Badinter, S.61
[5] deMause S.35
[6] Badinter Mutterliebe
[7] Hardach-Pinke Zwischen Angst u. Liebe S.529

der Industrialisierung einen, wie er es nennt, Kontinuitäts-
bruch , erfahren hat:„Während früher die Gleichförmigkeit
des Lebens über Generationen eine Kontinuität der Ge-
schlechter garantierte, wird seit dem achtzehnten Jahrhundert die Erwachsenenwelt durch ihren polyvalenten Plura-
lismus und ihre Komplexität für das Kind zunehmend
unverständlich und zunehmend unsichtbar."[8]

Philippe Ariès vertritt die These, dass die Einführung der
Schule und das damit verbundene Herausreißen des Kindes
aus seiner häuslichen Umgebung verantwortlich sind für
den Wandel in der Mutter-Kind-Beziehung, den er als einen
Wandel zum Schlechteren bezeichnet. [9]

Edward Shorter sieht die **Entstehung** der Mutterliebe als
wichtigsten Indikator für die positive Veränderung zur Einstellung zur Kindheit[10]. Und hier wieder die Frage: Liebten
früher Mütter ihre Kinder nicht? Wenn so an dem wäre,
welche Faktoren ließen die Mutterliebe „entstehen"?

Welche Indikatoren sind für den Wandel in der Mutter-
Kind-Beziehung in der Geschichte der Kindheit verantwortlich?

DeMause spricht sogar von einer „Evolution der Kindheit", die von einer tendenziellen Verbesserung der Eltern-
Kind Beziehung im Laufe der Generationen gekennzeichnet ist.[11] Diese Theorie wird in vorliegender Arbeit unter
dem Aspekt der „Mutterliebe" genauer betrachtet, weil

---

[8] Arnold, Klaus Kind und Gesellschaft in Mittelalter und Renaissance S. 12
[9] Philippe Ariès, Geschichte der Kindheit
[10] Shorter
[11]deMause

deMause als einziger Wissenschaftler die Eltern-Kind bzw. Mutter-Kind Beziehung als *den* Faktor des Wandels – der Evolution – erachtet, im Gegensatz zu anderen Kindheitsforschern, die sich überwiegend mit der Historie auseinandersetzen wie z.b. Philippe Ariès, Edward Shorter oder Klaus Arnold - um nur einige zu nennen.

War das Mittelalter wirklich so grausam wie deMause es beschreibt?

„Der Drang, den Säugling zu verstümmeln, zu verbrennen, erfrieren zu lassen, zu ertränken, zu schütteln und heftig herumzuschleudern, wurde in der Vergangenheit fortwährend ausagiert." [12] Man wagt nicht, diese grausamen Behandlungsmethoden zu bezweifeln, dem Leser drängt sich jedoch die Frage auf, ob es denn damals keine Muttergefühle gab, die es vermochten, solchen barbarischen Methoden entgegenzuwirken.

Ziel der vorliegenden Arbeit ist es, anhand von Literatur und einigen Quellen auch auf Beispiele *positiver* Eltern-Kind-Beziehungen zu verschiedenen Epochen aufmerksam zu machen. Ich vertrete die These, dass es seit Menschengedenken eine Divergenz von Seiten der Mütter zwischen Aversion und Liebe zu ihren Kindern gegeben hat, die natürlich auch in unserer heutigen Zeit spürbar ist. Positive Aspekte der heutigen Kindheit, sprich behütete, lachende Kinder, wohlgenährt und materiell gut ausgestattet (Spielzeug, Kleidung) – begegnen uns täglich auf der Straße, im Supermarkt, auf Spielplätzen. Doch wie sieht Kindheit im privaten Bereich aus, hinter verschlossenen Türen? Wie steht es um die Mutterliebe, wenn keiner hinschaut? Die Statistiken (die ja leider von einer hohen Dunkelziffer ge-

---

[12] deMause S. 54

prägt sind), im letzten Kapitel der vorliegenden Arbeit aufgeführt, zeigen, dass der Schein einer behüteten Kindheit in unserer westlichen Wohlstandsgesellschaft trügt.

Das erste Kapitel der vorliegenden Arbeit befasst sich mit der Psychologisierung der Mutter-Kind-Beziehung, ihrer Einzigartigkeit und den damit verbundenen „Auswirkungen" auf die Kindheit eines jeden Menschen und wagt einige Versuche der Definition von „Mutterliebe".

Im zweiten Kapitel wird die Geschichte der Kindheit gemäß dem psychogenetischen Ansatz von Lloyd deMause unter dem Aspekt der „Mutterliebe" erörtert. Auch wird die Glaubwürdigkeit der von deMause verwendeten Quellen kurz diskutiert. Ein Abriss der „Evolution der Kindheit", die für das Verständnis der Mutter-Kind-Beziehung von damals und von heute von großer Wichtigkeit ist sowie der von deMause ausgearbeiteten Klassifikation der Kindererziehungsformen bilden den Abschluss dieses Kapitels.

Wie sieht die Mutter-Kind-Beziehung im geschichtlichen Wandel aus? Gab es überhaupt im Mittelalter eine Welt für Kinder? Hat man diese in ihrer Besonderheit wahrgenommen? Wie erlebte eine Frau im Mittelalter ihre Schwangerschaft? Welche Qualitäten kennzeichneten die Mutter-Kind-Beziehungen in den jeweiligen Jahrhunderten? Und warum gerade dann? Diese und weitere Aspekte werden im Kapitel „Mutter-Kind-Beziehung im geschichtlichen Wandel" erörtert, mit dem Ziel, Rückschlüsse über vorhandene oder nicht vorhandene „Mutterliebe", auch unter Berücksichtigung der im ersten Kapitel ausgearbeiteten Definitionen zuzulassen. Hierbei wurde der Schwerpunkt auf das Mittelalter gelegt, da „das positive und das negative Bild der Kindheit im Mittelalter als eine besondere Stufe im Leben des Menschen mit charakteristischen Eigenarten galt."[13] Keine Epoche weist größere Widersprüche in ihrer Darstellung der Kindheit auf.

Das Schlusskapitel dieser Arbeit gibt einen kurzen Überblick über die „Kindheit heute", der sowohl positive Aspekte wie materiellen Wohlstand als auch negative Aspekte wie Belastungen durch Umweltgifte, die atomare Bedrohung sowie Kindesmisshandlung in seinen verschiedensten grausamen Ausdrucksformen berücksichtigt.

---

[13] Shahar S. 26

I. Die Mutter-Kind-Beziehung

Die Mutter-Kind-Beziehung ist prägend für die Kindheit – für das Leben – eines jeden Menschen. „In keiner anderen menschlichen Beziehung stellen sich Individuen so vorbehaltlos und so beständig anderen zur Verfügung."[14]

Ralph Frenken bezeichnet die Interaktion zwischen Eltern und Kindern als ein Beziehungsgeschehen, in dem mit- und gegeneinander agiert wird. In diesem Beziehungsgeschehen ist die Kindheit eingelagert. Diese Beschreibung macht besonders den täglichen Einfluss deutlich, den das Handeln der Eltern auf das Kind ausübt. Kinder sind hierbei keine „passive Empfänger" – aber auch keine „gleichberechtigten Interaktionspartner, sondern erweisen sich bei Konflikten als physisch und psychisch unterlegen".[15] Eine wichtige Tatsache, die die totale Abhängigkeit des Kindes von der Mutter bzw. den Eltern demonstriert.

Die Mutter-Kind Beziehung ist nach Bowlby von solcher Wichtigkeit, dass selbst eine schlechte Beziehung zur leiblichen Mutter besser für das Kind ist als die Beziehung zu liebevollen, „sehr guten" Pflegeeltern. Das Kind identifiziert sich immer über die leiblichen Eltern, auch wenn sie

---

[14] Bowlby Mutterliebe S. 70
[15] Frenken Einleitung S.10

17

von diesen vernachlässigt, schlecht behandelt oder gar misshandelt wurden.[16]

„Solche Gefühle sind nicht überraschend, wenn man sich daran erinnert, dass auch bei starker Vernachlässigung zumindest ein Elternteil von Geburt an unzählige Male liebevoll zu seinem Kinde war, und soviel Negatives ein Außenstehender auch sehen mag, das Kind sieht viel, für das es dankbar ist. Zumindest die Mutter hat sein ganzes Leben lang einigermaßen für es gesorgt...“ [17]

Diese Aussage sollte man jedoch kritisch betrachten und sich auch die – wenn auch seltenen - Fälle vor Augen halten, bei denen die Mutter ihr Kind kategorisch ablehnt und es *nie* zu einer liebevollen Annäherung zwischen Mutter und Kind gekommen ist. Trotzdem beinhaltet sie die *bedingungslose* Liebe des Kindes zur Mutter bzw. zu den Eltern und unterstreicht die absolute Wichtigkeit der Mutterfigur im Leben eines Kindes – eines Menschen.

1.1 Mutterliebe

Ein Kind braucht seine Mutter. Nicht nur, um die physischen Bedürfnisse befriedigt zu wissen, sondern auch um sich psychisch gesund entwickeln zu können. Doch welche Faktoren der Mutter-Kind-Beziehung determinieren die Bindung?

---

[16] vgl. Bowlby Mutterliebe S. 72
[17] Bowlby Mutterliebe S. 72

1.1.1 Bowlbys Bindungs-Theorie

Für die seelische Gesundheit des Kindes ist es überaus wichtig, in den ersten Lebensjahren eine warme, intensive und beständige Beziehung zu seiner Mutter zu erleben (oder auch zu einer Mutter-Ersatz-Figur), in der beide Partner Befriedigung und Genuss finden. Ein Kind braucht die Gewissheit, für seine Mutter ein Gegenstand der Freude und des Stolzes zu sein: Eine Mutter braucht das Erlebnis einer Erweiterung ihrer eigenen Persönlichkeit zum Kind hin: beide haben das Bedürfnis, sich intensiv mit dem anderen zu identifizieren. Was eine Mutter für ihr Kind tut, kann nicht durch Routine ersetzt werden; es ist eine lebendige menschliche Partnerschaft, durch die es bei beiden Beteiligten zu charakterlichen Veränderungen kommt...die mütterliche Fürsorge nicht nur nach der Zahl der Stunden beurteilt werden, die dem Kind pro Tag gewidmet werden, sondern allein an dem Grad der Freude und Befriedigung, die beide im Zusammensein erleben...Ebenso, wie der Säugling das Gefühl braucht, zu seiner Mutter zu gehören, braucht die Mutter das Gefühl, zu ihrem Kind zu gehören. Und nur wenn sie die aus diesem Gefühl entstehende Befriedigung erlebt, ist es für sie leicht, sich ihrem Kind ganz zu widmen. Eine solche ständige Bereitschaft, Tag und Nacht, sieben Tage in der Woche und 365 Tage im Jahr, ist einer Frau nur dann möglich, wenn sie dadurch eine tiefe Befriedigung gewinnt, dass sie erlebt, wie ihr Kind sich entwickelt, vom Säugling durch alle Phasen der Kindheit, um dann ein unabhängiger Erwachsener zu werden. Und sie muss wissen, dass dies nur durch ihre stetige Fürsorge (Hervorhebung von mir) geschehen kann.[18]

---

[18] Bowlby Mutterliebe u. kindliche Entwicklung S.69 -70

Das Bedürfnis, diese stetige Fürsorge zu gewährleisten und dadurch eine tiefe emotionale Bindung des Kindes an die Mutter und der Mutter an das Kind zu sichern - charakterisiert Bowlby als einen Teil der menschlichen Natur. Für ihn ist Mutterliebe naturgegeben. Die Erkenntnis, dass die erste menschliche Beziehung des Kindes, nämlich die Mutter oder der Mutterersatz die Basis seiner Persönlichkeit bildet und den Verlauf der frühkindlichen Entwicklung bestimmt, ist ein fester Bestandteil der Psychoanalyse. Doch nur die leibliche Mutter ist aufgrund ihres Hormonspiegels mit Verhaltenssystemen ausgestattet, die es ermöglichen, die Bedürfnisse des Kindes zu erkennen und zu befriedigen.[19]

Bowlby intendiert mit seiner Bindungstheorie, die auf der Ethologie (Wissenschaft vom Verhalten der Tiere) basiert, die Theorie vom Sekundärtrieb zu widerlegen: letztere besagt, dass sich eine Beziehung zwischen zwei Artgenossen nur als Resultat des gefüttert- und Ernährtwerdens entwickeln kann.[20] Oder wie Freud postuliert:" Wenn der Säugling nach der Wahrnehmung der Mutter verlangt, so doch nur darum, weil er aus Erfahrung weiß, dass sie alle seine Bedürfnisse ohne Verzug befriedigt".[21] Bowlby fand in seinen Untersuchungen heraus, dass man durch soziale Interaktionen Reaktionen des Säuglings schon in seinen ersten Lebenstagen evozieren kann und dieser durchaus gewillt ist, auf diese sozialen Reize zu reagieren ohne dass es Nahrung bedarf, denn „Babys
lieben menschliche Gesellschaft".[22]

---

[19] Bowlby Bindung S. 281
[20] Seit Freud bildet die Sekundärtriebtheorie, ein Begriff, der aus der Lerntheorie stammt oder die Eßliebe-Theorie der Objektbeziehungen den Grundstein für psychoanalytische Literatur
[21] Freud in Bowlby Bindung S. 200
[22] Bowlby Bindung S. 205

Bowlby sieht den Wunsch des Kindes nach der Nähe zur Mutter als das Produkt eines Zusammenspiels von aktiven, biologisch vorgegebenen und genetisch verankerten Verhaltenssystemen; das Bindungsverhalten resultiert demnach aus der Wechselbeziehung des Kindes mit seiner Mutter. Das Instinktverhalten wird durch die Verhaltenssysteme kontrolliert, deren Entwicklung die Mutternähe anstreben.

1.1.2. Deprivation von Mutterliebe

Säuglinge und Kinder brauchen für eine gesunde Entwicklung nicht nur Pflege, eine gute Ernährung und medizinische Versorgung, sondern vor allem stetigen Kontakt mit der Mutter, denn nur dieser gewährleistet eine gesunde psychische Entwicklung des Kindes. Kinder, die aus unterschiedlichen Gründen in Fremdpflege gegeben werden, müssen oft ein Leben lang mit den Folgen der Mutterentbehrung kämpfen.

Betrachtet man die Geschichte der Kindheit, so muss man feststellen, dass die Deprivation nämlich die Modi Weggabe (Stichwort Ammenwesen) und Aussetzung (Stichwort Findelheim) den Alltag der Kinder über viele Jahrhunderte hinweg bestimmten. Welche Konsequenzen hatte die Deprivation für die Geschichte der Mutterliebe?

Unter Deprivation von Mutterliebe versteht Bowlby nicht nur das räumliche getrennt sein von Mutter und Kind, das er als den Zustand von „totaler Deprivation" bezeichnet, wie man sie in Heimen und Krankenhäusern findet, sondern auch die Verweigerung von mütterlicher Zuneigung , der „partiellen Deprivation". [23] Alice Miller nennt es „das Gefühl des Verlassenseins…das ursprüngliche Gefühl des kleinen Kindes…dessen Mitteilungen, verbale oder präverbale, die Mutter nicht erreichen. Die Konsequenzen für die physische und psychische Entwicklung des Kindes sind gravierend.[24]

Beide Formen der Deprivation mussten Kinder aller Gesellschaftsschichten Jahrhunderte lang erdulden. Interessant im Hinblick auf die Geschichte der Kindheit und der Mutterliebe ist die Frage, ob Mutterliebe und Deprivation, ob partielle oder totale, nebeneinander existieren konnten oder sich a priori gegenseitig ausschlossen. Oder resultierte Deprivation in der Vergangenheit aus Mangel an Mutterliebe? Das heißt, konnte eine Mutter in der Vergangenheit ihr Neugeborenes einer Säugamme in Pflege geben, es deprivieren, und doch gleichzeitig Mutterliebe empfinden? Vielleicht dachte sie, dass sie „das Richtige" tut und es ihr, gemäß dem psychogenetischen Ansatz von Lloyd deMause „nur" an emotionaler Reife fehlte, zu erkennen, dass sie gerade einen für die seelische Gesundheit des Kindes folgenschweren Fehler begeht. Vielleicht empfand sie Mutterliebe wie sie die Theorien definieren, konnte sich aber nicht von den gesellschaftlichen Konventionen frei machen, die es zeitweise praktisch diktierten, das Kind wegzugeben.[25] „ Denn es hat immer Liebe in der Familie gegeben. Es ist absurd, dass es Liebe bis vor einer bestimmten Epoche nicht gegeben hat".[26] Diese Feststellung verleitet zu der Annahme, dass Mutterliebe und Deprivation durchaus ne-

---

[23] vgl. Bowlby Mutterliebe S. 12
[24] Miller, Alice Das Drama des begabten Kindes S.27
[25] dazu mehr in den folgenden Kapiteln
[26] Badinter S. 33

beneinander existieren können. In diesem Fall deprivierte man die Kinder aus gesellschaftlichen Konventionen oder aus Notsituationen wie im Falle der Aussetzung.

In jedem Fall waren und sind die Konsequenzen einer Deprivation verheerend für das Kind: Angst, exzessive Liebesansprüche, kraftvolle Hassgefühle, Schuld und Depression. Auch nervöse Störungen und charakterliche Labilität resultieren aus der Deprivation.

Winnicott resümiert folgendermaßen:

> „Ein depriviertes Kind ist ein Kind, das – nachdem es erfahren hat, dass Versäumnisse wieder gut gemacht wurden – nun die Erfahrung macht, dass auf ein Versäumnis keine Wiedergutmachung folgt. Seine Lebensarbeit besteht dann darin, Bedingungen entstehen zu lassen, unter denen nun wiederum wieder gut gemachte Versäumnisse das Lebensmuster bilden."[27]

---

[27] Winnicott , Das Baby und seine Mutter S. 107

1.2. Mutterbindung – nur in der „sensiblen" Phase?

Die Autoren Sluckin und Herbert untersuchen die in der Wissenschaft populäre These, dass sich das Bindungsverhalten – ein prägungsähnlicher Vorgang - nur in einer „sensiblen" Phase nach der Geburt entwickelt und durch „visuelle, taktile und auditorische Kontakte ausgelöst werden"[28] Sensibel deshalb, weil die Zeit nach der Geburt als optimal für die Entwicklung der Bindung gilt. Kommt es in dieser Zeit zu einer Trennung von Säugling und Mutter, z.B. durch eine Frühgeburt und die damit verbundene Verlegung auf die Intensivstation kann es sein, dass sie keine Bindung erleben wird.[29]

Doch welche Indikatoren definieren Bindungsverhalten? Gefühle und Einstellungen der Mütter ihrem Kind gegenüber?

> Danach wäre eine Mutter als liebevoll zu beurteilen, wenn sie über längere Zeitspannen konsistent angibt, ihr Kind zu lieben und sich für dieses verantwortlich und mit ihm zusammengehörig zu fühlen. Umgekehrt könnte man schließen, dass Mütter, die Gleichgültigkeit oder Feindseligkeit gegen ihr Baby angeben oder das Gefühl haben, ihr Baby sei ein Fremder oder emotional von ihnen getrennt, keine Bindung zu ihrem Baby entwickelt haben.[30]

---

[28] Sluckin – Mutterliebe auf den ersten Blick? S. 25
[29] vgl. Sluckin S. 24
[30] Sluckin S. 32

Doch diese mütterlichen Verhaltensweisen sind noch kein „Beweis" für oder gegen eine Bindung, da es wissenschaftlich erwiesen ist, dass Mütter, die sich nicht emotional an ihr Baby gebunden fühlen, meistens sehr gut für das Kind sorgen, man nimmt an, um ihre Schuldgefühle zu kompensieren. Umgekehrt können auch liebevolle Mütter ihre Selbstbeherrschung verlieren und ihr Kind misshandeln.

„Mütterliche Bindung" als Phänomen ist in seiner Struktur zu vielschichtig, als dass es als „eindimensionales Problem" aufgefasst werden kann.[31] Es sind mehrere Komponente, die in das mütterliche Fürsorgeverhalten einspielen: der Geburtsvorgang und die Entbindung spielen hierbei eine wesentliche Rolle. Assoziiert die Mutter Positives mit dem Erlebten, ist die Wahrscheinlichkeit, dass sie ein ausgeprägtes Bindungsverhalten aufweist, hoch. Auch der Fütterungserfolg hängt sehr stark mit den bei der Geburt erlebten Emotionen zusammen. Auch spielen der soziale und kulturelle Hintergrund der Mutter eine große Rolle, sowie ihre eigenen Erlebnisse mit den Eltern, ihre Einstellung und Erfahrung mit Babys und ihre Schwangerschaft.

Es gibt Untersuchungen, die einen Zusammenhang zwischen misshandelten Kindern und einer fehlenden „mütterlichen Bindung", wie sie in der sensiblen Phase entstehen soll, aufweisen. Fünfzig Prozent der misshandelten Kinder wurden sofort nach der Geburt auf die Intensivstation verlegt, hatten also keine Möglichkeit zu Interaktionen mit der Mutter. [32]Sluckin und Herbert bewerten solche Ergebnisse jedoch als „wenig überzeugend", da die Daten retrospektiv erhoben wurden und deshalb keine Verlässlichkeit aufwei-

---

[31] Sluckin S. 34
[32] Margaret Lynch führte diese Retrospektivuntersuchung 1976 durch

sen sowie berücksichtigt werden muss, dass es sich bei jeder Untersuchung dieser Art um Stichproben handelt.[33]

> „Auch wenn man die positive Korrelation zwischen Kindesmisshandlung und Trennung unmittelbar nach der Geburt...als verlässlich akzeptiert, muss man aus dieser Korrelation nicht notwendigerweise auf einen ursächlichen Zusammenhang der beiden beteiligten Variablen schließen. Es kann durchaus sein, dass beide mit einer dritten in Zusammenhang stehen – sagen wir mit sozio-ökonomischer Schichtzugehörigkeit – und daher kein lineares Verhältnis von Ursache und Wirkung vorliegt."[34]

Mangelnde Reife der Eltern, unsichere häusliche Verhältnisse sowie psychische Störungen der Eltern können hier als „dritte Variable" mit einspielen.

Sluckin und Herbert argumentieren weiter *gegen* die Existenz einer sensiblen Phase für die Entstehung des Bindungsprozesses, indem sie die intensive Bindung von Adoptiveltern und ihren Kindern aufführen „Die große Zahl erfolgreicher Adoptionen lässt die kompromisslose Version der Theorie der Bindungsentstehung während einer kritischen Periode *unsinnig* (Hervorhebung von mir) erscheinen."[35]

Doch wie kommt es zu der Mutter-Kind-Bindung, wenn man nicht der Theorie der sensiblen Phase für die Entstehung des Bindungsprozesses zustimmt? Kann man in diesem Fall von einem vorhandenen Mutterinstinkt sprechen? Oder ist dieser gar nur ein Mythos und rein kulturell be-

---

[33] Sluckin S. 68
[34] Sluckin S. 68
[35] Sluckin S. 75

stimmt?[36] „Wir müssen davon ausgehen, dass die Neigung zur Bildung von Eltern-Kind-Bindungen in gewissem Maße in uns allen angelegt ist".[37] Genetisch bestimmte Verhaltensweisen müssen nicht mit instinktivem Verhalten gleichgesetzt werden, aber zumindest mit einem Verhalten, das instinktive Komponente aufweist. Dies erklären Sluckin und Herbert folgendermaßen: Verhaltensforscher und Soziobiologen betonen, dass das Überleben der Jungen bei Tieren entscheidend vom Pflegeverhalten der Eltern abhängt, die jedoch selbst der Gefahr unterlaufen, beim Füttern und Verteidigen ums Leben zu kommen und in diesem Fall keine Nachkommenschaft zu hinterlassen. Wenn sie es schaffen, ihre Jungen großzuziehen, werden die Jungen dieses elterliche Verhalten übernehmen und somit zum Fortbestand ihrer Art beitragen.[38]

Mütterliches Verhalten ist als eine altruistische Verhaltensform anzusehen, die ein großes Überlebenspotential in sich birgt. Mütterliches Verhalten ist aber noch nicht mit mütterlicher Bindung gleichzusetzen, da letztere durch eine emotionale Bindung gekennzeichnet ist, während mütterliches Verhalten „allgemein und unpersönlich"[39] ist. Prozentual gesehen haben die Nachkommen von Eltern, die ein ungenügendes Pflegeverhalten aufweisen, schlechtere Überlebenschancen.

Ist jedoch die Bereitschaft zu einer Bindung an die Nachkommen vorhanden, besteht eine große Chance, dass die Erbanlagen an die nächste Generation weitergegeben werden. Diese Bereitschaft zu einer Bindung an eigene Kinder muss, mehr oder weniger ausgeprägt, im Individuum vor-

---

[36] Badinter S. 11
[37] Sluckin S. 78
[38] vgl. Sluckin S. 79
[39] Sluckin S. 78

gegeben sein, von Vorgängen im Zentralnervensystem gesteuert.[40]

Sluckin und Herbert vertreten die These, dass „man manches an der Mutterliebe auch lernen kann".[41] In diesem Zusammenhang erinnern sie an die Bedeutung des klassischen Konditionierens. Vom Baby gehen unkonditionierte Reize aus, die eine nicht erlernte Reaktion auslösen. Tritt nun ein neutraler Reiz (z.B. seine Kleider) mehrmals in Verbindung mit einem unkonditionierten Reiz auf, wird der neutrale Reiz zum konditionierten und kann Verhaltensweisen evozieren, die sonst nur als Reaktion auf den unkonditionierten Reiz zu vernehmen sind.

> „Auf diese Weise stimuliert das eigene Kind, und buchstäblich alles, was mit ihm zu tun hat, die Zuneigung seiner Mutter... Diese Prozesse des Konditionierens vollziehen sich allmählich und ergänzen sich mit dem Grad der Vertrautheit, was zur stetigen Festigung der mütterlichen Bindung beiträgt."[42]

Betrachtet man die Geschichte der Kindheit, kann man der o.a. These der mütterlichen Bindung nur bedingt zustimmen. Was aus heutiger Sicht einleuchtend erscheint, muss z.B. in der Antike, in der den Kindern grauenvolle Schicksale widerfahren sind, nicht „funktioniert" haben. Aber auch heute werden Kinder misshandelt und gequält. Von Müttern, die weder über einen Mutterinstinkt verfügen noch Mutterliebe empfinden oder erlernt haben? Oder haben diese Mütter zu ihrem Kind keine Bindung entwickelt

---

[40] vgl. Sluckin S. 79
[41] Sluckin S. 84
[42] Sluckin S. 86

(denn mangelhafte Bindungsentstehung gilt als eine der Ursachen von Kindesmisshandlungen)?

Es sind viele Komponente, die die Entwicklung der mütterlichen Bindung fördern.

> „Nach der Theorie der sensiblen Periode der Bindungsentstehung dagegen vollzieht sich dieser Prozess sehr schnell. Wenn die Natur das wirklich so eingerichtet hätte, wäre sie ein großes Risiko eingegangen. Welchen Arterhaltungswert hätte es, wenn die so lebenswichtige mütterliche Bindung sich nur innerhalb einer relativ kurzen Zeitspanne entwickeln könnte, in der die Frau noch dazu besonders verwundbar, vielleicht erschöpft, krank schwach oder niedergeschlagen ist? Eine solche Entscheidung über alles und nichts würde die mütterliche Bindung zu einem sehr schwachen Glied in der Kette der Ereignisse machen, die ein hilfloses und abhängiges Menschenkind zur gereiften Selbständigkeit führen."[43]

Mütterliche Bindung und Mutterliebe entstehen im Kontext kontinuierlicher Interaktionen zwischen Mutter und Kind. Alles, was die Mutter tut, wirkt sich auf das Baby aus, und alles, was das Baby tut, wirkt sich auf die Mutter aus.

1.3. „The ordinary devoted mother"

Für den englischen Kinderarzt und Psychoanalytiker Winnicott besteht eine positive psychologische Mutterschaft in

---

[43] Sluckin S.87

der *einzigartigen* Fähigkeit der Mutter, sich mit den Bedürfnissen des Säuglings zu identifizieren.

> „In the ordinary devoted mother he (Winnicott) expresses his deep faith in the broad capability and correctness of a mother's intuition about what her baby feels and needs, and how this enables the baby's trust to form and his or her increasingly complex development to proceed."[44]

Der Zustand der „primären Mütterlichkeit" befähigt die Mutter, und *keinen* anderen Menschen, sich in das Kind hineinzuversetzen und seine Bedürfnisse zu erkennen und zu befriedigen. Seine emotionale Entwicklung kann durch das „holding", das „gehalten werden", dem Symbol für Säuglinsbetreuung, positiv beeinflusst werden. Der Begriff „holding" erfährt mit zunehmendem Alter des Kindes und der damit verbundenen zunehmenden Komplexität seiner Welt eine erweiterte Bedeutung. Ein Kind kann gut oder schlecht „gehalten" werden, Reifungsprozesse des Kindes können somit gefördert oder behindert werden. Erfährt das Baby eine nicht ausreichende Anpassung seiner Umwelt an seine Bedürfnisse, so werden diese Reifungsprozesse unterbrochen.

Wird das Kind gut „gehalten", so wird es über eine „solide Persönlichkeit" verfügen. Winnicott betont, dass Babys sich nicht erinnern können, ob sie gut „gehalten" wurden, wohl aber, dass sie *nicht* gut „gehalten" wurden, weil dieser Umstand eine traumatische Erfahrung für das Kind darstellt.

Winnicott vertritt die These, dass dem Kind durch ein für beide Seiten befriedigendes „holding" ein Zusatz-Ich zuteil

---

[44] Benjamin Spock in Winnicott : mothers and their babies S. ix

30

wird, das zwar recht schwach ausgeprägt, aber sehr persönlich ist. Dieses Zusatz-Ich ermöglicht die Identifizierung der Mutter mit dem Baby.

Fehlt das „Zusatz-Ich", ist das Kind gezwungen, ein frühreifes Ich zu entwickeln, ein Umstand, der zu Entwicklungsstörungen führen kann.[45]

---

[45] Winnicott, S. 48

II. Geschichte der Kindheit

2.1. Der psychogenetische Ansatz der Geschichte der Kindheit

Lloyd deMause, amerikanischer Psychohistoriker und Leiter des amerikanischen „Institute for Psychohistory" in New York, vertritt in seinem 1974 erstmalig in den USA und 1978 in Deutschland erschienenen Essay „Evolution der Kindheit" die These, dass sich die Eltern-Kind Beziehung im Laufe der letzten Jahrhunderte tendenziell verbessert hat.

Haben Eltern, haben Mütter ihre Kinder früher nicht geliebt? Doch, behauptet deMause: „Was den Eltern in der Vergangenheit fehlte, war nicht die Liebe, sondern die emotionale Reife, die nötig ist, um das Kind als eigenständige Person anzuerkennen."[46] Der Mangel an emotionaler Reife- alleinverantwortlich für die schrecklichen Misshandlungen, denen Kinder über Jahrhunderte ausgeliefert waren? Die Liebe auf einen Zustand der passiven Präsenz reduziert und somit degradiert, unfähig auf latente Missstände einzuwirken, Veränderungen herbeizuführen? Der omnipräsente Faktor der Liebe scheint *zunächst* sehr unglaubhaft und steht in großem Widerspruch zu den schwe-

---

[46] deMause, S. 35

ren Traumata, die Kinder in der Vergangenheit erleiden mussten.

Meine These jedoch ist, dass es zu *jeder* Zeit in der Geschichte der Kindheit ambivalente Gefühle den Kindern gegenüber gegeben hat, dass die angeborenen Verhaltenssysteme wie Mutter-Kind-Bindung, wie Bowlby sie beschreibt, nicht automatisch aus jeder Mutter eine gute Mutter machen, dass zu den biologischen Voraussetzungen emotionale Reife der Mutter, das Kind als eine eigenständige Persönlichkeit anzusehen, hinzukommen muss. Und genau diese Herausbildung von emotionaler Reife unterlag einem Jahrhunderte langem Prozess.

Doch betrachten wir an dieser Stelle deMause' Theorie der Evolution der Kindheit.

Als Methode seiner Untersuchung dient deMause die angewandte Psychoanalyse, die davon ausgeht, dass die psychodynamischen Beziehungen zwischen Eltern und Kindern prägend sind für die Kinder. Resultat seiner Untersuchungen ist das „schonungslose Aufdecken der zum Teil äußerst inhumanen Praktiken der Kindererziehung in der Vergangenheit."[47]
Die Ergebnisse von deMause' Quellenbearbeitung sind daher von äußerster Wichtigkeit für die Erstellung eines Zusammenhanges zwischen der Geschichte der Kindheit und der Geschichte der Mutterliebe.

Einige Kritiker allerdings bezeichnen seine Quellenauswahl als zu selektiv, d.h. es wurden nur die Quellen bearbeitet,

---

[47] Edmund Hermsen in: Psychogenetische Geschichte der Kindheit

die seine These der „Evolution der Kindheit" unterstützen.[48] Doch wie sind die *verwendeten* Quellen in ihrer Funktion zur Beweisführung seiner These zu beurteilen? Friedhelm Nyssen kritisiert in seiner Quellendiskussion nicht deMause' grundsätzliches Konzept, sondern seine methodische Vorgehensweise. Er bemängelt den fehlenden Verweisungszusammenhang zwischen Quelle und Theorie für den Leser, der die „deMausesche Brille" nicht trägt.[49]

Auch kritisiert er den „wissenschaftlichen Apparat" von L.deMause psychogenetische Geschichte der Kindheit", der aus 275 Anmerkungen besteht:

> In diesem Punkt kann man eine Schwäche der deMauseschen Theorie sehen, insofern diese sich via Gigantomanie des „wissenschaftlichen Apparates" gegen individuelle Überprüfung a priori sozusagen materiell immunisiert. Von daher gesehen ist die Theorie von L. deMause typisches Produkt einer wissenschaftlichen Zivilisation, die Erkenntnis nur noch individuell entfremdet, d.h. gebunden an umfangreiche personelle, finanzielle, apparative Ausstattung und damit verbundene hochgradige Arbeitsteilung möglich macht. [50]

Nach Prüfung von zweiundvierzig Quellen befindet er nur fünf als ungeeignet für die Belegung von deMause' These von einer Evolution der Kindheit vom Schlechteren zum Besseren, allerdings mit der Einschränkung, dass Resultate von einer gewissen Subjektivität befleckt sind, von der sich kein kritischer Betrachter frei machen kann.

---

[48] A.a.O.
[49] F. Nyssen , Die Geschichte der Kindheit bei Lloyd deMause Quellendiskussion S.2
[50] A.a.O. S.7

Man muss den psychogenetischen Ansatz der Geschichte der Kindheit als eine Teilanalyse verstehen, als „eine Untersuchung von Teilzusammenhängen", da der Ansatz nur „unter der Prämisse der festgefrorenen Umwelt gilt", d.h. die Evolution findet statt, ohne technische und ökonomische und gesellschaftliche Bedingungen zu der jeweiligen Epoche zu berücksichtigen.[51] Der Motor dieser Evolution ist die Fähigkeit der jeweils nachfolgenden Elterngeneration, sich in das psychische Alter ihrer Kinder zurück zu versetzen, die eigenen Ängste erneut zu erleben und somit besser bewältigen zu können: die so genannte zweite Angstverarbeitung.

2.2. Psychologische Prinzipien der Eltern-Kind Beziehung

Um die folgenreiche Evolution der Kindheit aufzuzeichnen, schildert deMause geltende psychologische Prinzipien der Eltern-Kind Beziehung in der Vergangenheit.[52] Diese Prinzipien äußern sich in drei verschiedenen Reaktionen, die der Mutter oder dem Vater zur Verfügung stehen, wenn es seinem Kind gegenübersteht, das bestimmte Bedürfnisse hat. Dabei steht die Frage im Vordergrund, welche Momente die Psyche der nächsten Generation am nachhaltigsten beeinflussen.

---

[51] Nyssen Historische Demographie S. 185 in Psychogenetische Geschichte der Kindheit
[52] Vgl. DeMause S. 20

1. **Die projektive Reaktion**: Das Unbewusste des Erwachsenen wird auf das Kind übertragen, d.h. das Kind wird zum Vehikel des erwachsenen.

2. **Die Umkehr-Reaktion**: Der Vater oder die Mutter sieht in dem Kind einen Substitut für einen Erwachsenen, der in seiner eigenen Kindheit eine wichtige Rolle gespielt hat.

> Die Umkehrung beginnt lange vor der Geburt des Kindes – sie ist die Quelle des in der Vergangenheit zu beobachtenden äußerst starken Wunsch nach Kindern, bei dem im Vordergrund immer die Frage steht, was die Kinder den Eltern geben können und niemals die, was die Eltern den Kindern geben können (....). Sobald es geboren ist, wird das Kind unter positiven und negativen Aspekten zum Vater oder zur Mutter seiner eigenen Eltern, ohne dass auf sein wirkliches Alter Rücksicht genommen würde.[53]

3. **Die empathische Reaktion**: Der Erwachsene ist einfühlsam in Bezug auf die Bedürfnisse des Kindes, ohne eigene Projektionen beizumischen. Die Nähe zu den kindlichen Bedürfnissen scheint aber eine Gefahr ihrer Vermengung mit den eigenen Bedürfnissen zu bergen, darum ist es für das Wohl des Kindes unerlässlich, eine angemessenen Distanz zu ihm zu bewahren.

Die projektive Reaktion ist eine bekannte Reaktionsform in der Psychoanalyse, wenn ein Patient seinen Psychoanalytiker z.B. als Vehikel für seine Projektionen benutzt, wird letzterem die Funktion des „Toilet-lap" zuteil So könnte man auch beschreiben, was mit Kindern in der Vergangenheit geschah: sie wurden als „Toiletten" für die Projektio-

---

[53] A.a..O. S. 36

nen von Erwachsenen benutzt.[54] Dieser Verhaltensweise liegt die Vorstellung von der Erbsünde zugrunde, die davon ausgeht, dass das Neugeborene von Sünde gezeichnet ist und sich nur durch die Taufe ihrer zu entledigen vermag. [55]

Die Umkehr-Reaktion lässt sich sehr gut an Eltern veranschaulichen, die ihre Kinder schlagen. DeMause zitiert in diesem Kontext eine Mutter:" Ich habe mich in meinem ganzen Leben nicht geliebt gefühlt. Als das Baby kam, dachte ich, es würde mich lieben. Als es schrie, bedeutete das, es liebte mich nicht. Deshalb habe ich es geschlagen."[56] In diesem wie in vielen weiteren Fällen dient das Kind nur dazu, die Bedürfnisse der Eltern zu befriedigen. Es fungiert als Eltern Substitut und wird jedes Mal geschlagen, wenn es nicht gemäß den Vorstellungen der Eltern reagiert.

In der Vergangenheit kam es oft zu einer so genannten Doppelvorstellung: das Kind fungierte hierbei als Vehikel von hineinprojizierten Wünschen, sexuellen Gedanken und Feindseligkeiten als Resultat der projektiven Reaktion und gleichzeitig als Mutter oder Vater als Resultat der Umkehr-Reaktion. Je weiter man in die Vergangenheit zurückgeht, desto mehr konkretisiert sich diese Doppelvorstellung, die für Praktiken wie Kindermord, Aussetzung, Schlagen und sexuellen Missbrauch zum größten Teil verantwortlich sind.[57]

Das Vertrackte an dieser Doppelvorstellung war, dass das Kind gleichzeitig positiv und negativ gesehen wurde. Es wurde geliebt und gehasst, belohnt und bestraft, ist gleich-

---

[54] vgl. deMause S. 24
[55] vgl. a.a.O. S.25
[56] vgl.a.a.O. S.20
[57] Vgl.a.a.O. S.21

zeitig lieb und böse. Von Seiten der Mutter oder des Vaters kommt es zu vielen widersprüchlichen Einstellungen, ohne dass dies erkannt wird und nach einer Lösung gesucht wird. Einerseits will der Elternteil zeigen, dass das Kind schlecht ist (projektive Reaktion), andererseits aber auch, dass das Kind lieb ist (Umkehr-Reaktion) – dieses Verhalten führt zur so genannten double-bind Situation. Die double-bind Situation fungiert als Mittel zur Abwehr, dient dem Erwachsenen dazu, seine Ängste zu reduzieren.

DeMause behauptet nun, dass es eben diese gleichzeitig auftretenden projektiven und Umkehr-Reaktionen sind, die es „unmöglich machen, bei den schweren Züchtigungen, denen wir in der Vergangenheit so oft begegnen, von Schuld zu sprechen, denn es ist ja nicht das wirkliche Kind, das geschlagen wird, geschlagen werden entweder die Projektionen des Erwachsenen oder die Personen, als deren Substitut die Kinder dienen.[58]

Wie deMause' historische Quellen belegen, wurden diese traumatisierenden Praktiken in allen sozialen Schichten angewandt, also muss das Motiv der Eltern für die destruktiven Handlungen „in ihnen selbst liegen".[59] Warum sind diese Verhaltensweisen heute nicht mehr die *Regel*? Warum hat eine Evolution stattgefunden? DeMause erklärt dies mit einer Zunahme an Empathie von Seiten der Eltern, bzw. der Mutter und einer tendenziellen Abnahme der Praktiken, wie sie auf der Phänomenebene beschrieben werden.[60]

---

[58] Vgl.a.a.O. S.22
[59] Nyssen, Psych. Gesch. d. Kindheit S. 183
[60] Nyssen Psych. Gesch. d.Kindheit S.182.

2.3. Evolution der Kindheit

Diese evolutionäre Entwicklung begründet deMause allein durch psychische Entwicklung, also unabhängig von Technologie, Ökonomie und gesellschaftlichen Aspekten, d.h. die Veränderungen ergeben sich allein aus der Generationenfolge der Interaktionen zwischen Eltern und Kindern. Seine Theorie formuliert deMause in fünf Hypothesen:

1. Der Ursprung der Evolution der Eltern-Kind Beziehungen ist die Fähigkeit der Elterngeneration, sich in das psychische Alter der Kinder zurückzuversetzen und somit die Ängste, die sie als Kind erfuhren, noch einmal durch die eigenen Kinder zu erleben und dadurch die Möglichkeit erhalten, das zu bewältigen, wozu sie in ihrer eigenen Kindheit nicht in der Lage waren. Die Neubearbeitung von Kindheitskonflikten steht also in dieser ersten Hypothese im Vordergrund. Friedhelm Nyssen bezeichnet sie auch als „Zweite Angstverarbeitung", die den Motor zur Evolution darstellt.[61]

2. Die Tendenz zu psychischem Wandel erwächst aus dem Bedürfnis des Erwachsenen nach Regression und dem Streben des Kindes nach Beziehungen zu anderen Menschen. Sie ist somit unabhängig von Ort und Kultur.

3. Die dritte Hypothese beschäftigt sich mit der Entstehung und Bedeutung von Angst in der Eltern-Kind-Beziehung. Jede Verringerung von psychischer Distanz zwischen dem Erwachsenen und dem Kind ruft neue Angst hervor, diese muss vermindert werden, um den

---

[61] A.a.O. S.183

entscheidenden Bereich, der die Praktiken der Kindererziehung eines jeden Zeitalters neu bestimmt, betreten
zu können. Auch Ute Schuster-Keim sieht die Angst-
minderung als Entwicklungstendenz eines generations-
übergreifenden Prozesses.[62]

4. Die vierte Hypothese ist praktisch als Konsequenz aus
   den ersten drei anzusehen. Wie deMause am Anfang
   seiner Ausführungen bemerkt, ist „die Geschichte der
   Kindheit ein Alptraum, aus dem wir gerade erwachen".
   Nun zieht er den Umkehrschluss: Hat die Kinderfür-
   sorge im Laufe der Geschichte eine aufsteigende Tendenz erlebt, so muss man folgern, dass, je weiter man in
   die Geschichte der Kindheit zurückgeht, ein desto grö-
   ßeres Unverständnis der Eltern gegenüber ihren Kindern zu finden ist. Diese vierte Hypothese steht im Zusammenhang mit dem Periodisierungsschema von
   deMause, in dem er die evolutionäre Entwicklung in
   sechs Phasen einteilt, die von jeweils vorherrschenden
   Beziehungsformen zwischen Eltern und Kindern
   gekennzeichnet sind.[63]

5. In der fünften Hypothese geht deMause noch einen
   Schritt weiter als in seiner zweiten: Er bezeichnet Kin-
   dererziehung(Sicht des Erwachsenen) und Kindheitser-
   fahrungen (Sicht des Kindes) als entscheidende Deter-
   minanten für die Kultur und nicht diese als einen
   Faktor, der die Kindheit beeinflusst.

---

[62] Ute Schuster-Keim S. 32
[63] hierauf wird noch später eingegangen

2.4. Klassifikation der Kindererziehungs-formen: das Periodisierungsschema

DeMause teilt die Evolution der Kindheit in sechs Formen der Eltern-Kind Beziehung in ein Periodisierungsschema ein, die, wie ihm scheinen, „eine interessante Klassifikation zeitgenössischer Formen der Kindererziehung darstellen."[64] Natürlich kann man an dieser Stelle kritisieren, dass de-Mause zwar die einzelnen Evolutionsstufen im Periodisierungsschema durch Quellen belegt, jedoch, wie schon vorher im Text erwähnt, Quellen, die nicht für seine „Evolutionstheorie" geeignet scheinen, völlig außer acht lässt, was sicher zu einer historisch unkorrekten Rekonstruktion der Gegebenheiten führt oder wie Nyssen es ausdrückt, Einzeluntersuchungen noch „keine Geschichte der Kindheit ergeben".[65]

1. Kindesmord (Antike bis viertes Jahrhundert n. Chr.)
Eltern werden von enormen Sorgen bezüglich der Fürsorge für die Kinder geplagt und sehen in der Kindestötung die einzige Möglichkeit, sich von diesen Ängsten zu befreien. Überlebende Kinder wurden Opfer der projektiven und der Umkehr-Reaktion, sprich sexuell missbraucht.

2. Weggabe (viertes bis dreizehntes Jahrhundert)
Kinder werden ins Kloster, zu Säugammen, zu Pflegeeltern weggegeben, da die Eltern erkannten, dass Kinder eine Seele haben. Kinder wurden geschlagen, denn sie waren voll „von Bösem". Um den Zwängen, die den Eltern durch die vorherrschenden starken Projektionen auferlegt waren zu entkommen, entschied man sich zur Weggabe. Auch

---

[64] deMause S.82
[65] Nyssen, Lieben Eltern ihre Kinder? S.16

wurden Kinder als Geiseln oder Diener weggegeben. Gleichzeitig ist ein Rückgang der Umkehr-Reaktion zu verzeichnen, da Kinder nicht mehr so oft sexuell missbraucht wurden.

3. Ambivalenz (vierzehntes bis siebzehntes Jahrhundert)
Das Kind erreicht die Emotionen der Eltern, dient aber immer noch als „Abladeplatz für gefährliche Projektionen".[66] Das Kind gilt als unvollendet und musste demnach erst nach den nun zahlreich in Umlauf gebrachten. Anleitungen zur Kindererziehung.
in Form gebracht werden.

4. Intrusion (achtzehntes Jahrhundert)
Großer Wandel in der Eltern-Kind-Beziehung. K. Rutschky bildete für dieses Jahrhundert auch den Begriff der „schwarzen Pädagogik".[67] Es gibt keine Umkehr-Reaktionen mehr und auch die elterlichen Projektionen machen den empathischen Gefühlen Platz, da das Kind nicht mehr als etwas Bedrohliches empfunden wurde. Eltern versuchen, in den Geist des Kindes einzudringen, um sein Inneres zu kontrollieren. Mit Aufkommen der Kinderheilkunde ist erstmals ein Rückgang der Kindersterblichkeit zu verzeichnen.

5. Sozialisation (neunzehntes bis Mitte 20. Jahrhunderts)
Das Kind wird sozialisiert,, es wird ausgebildet, „auf den rechten Weg gebracht".[68] Die Projektionen der Eltern vermindern sich weiter. Der Vater beteiligt sich das erste Mal an der Erziehung des Kindes

---

[66] A.a.o. S.83
[67] K. Rutschky, schwarze Pädagogik, hierauf wird noch später eingegangen
[68] deMause, S. 84

6. Unterstützung (ab Mitte des 20. Jahrhunderts)
Die Eltern bemühen sich, Bedürfnisse des Kindes zu erkennen und zu befriedigen. Die Kinder werden weder geschlagen, noch diszipliniert, sondern in der Bewältigung de Alltags unterstützt.

Nach deMause **ist** die Evolution der Kindheit auch eine Geschichte der Evolution der Form von Mutterliebe, die sich langsam im Laufe der Jahrhunderte in Form von zunehmender Empathie konkretisiert und vervollkommnet, denn Liebe war schon immer vorhanden.[69] Trotzdem leitet er seinen Essay „Evolution der Kindheit" mit folgenden Worten ein:

> Die Geschichte der Kindheit ist ein Alptraum, aus dem wir gerade erst erwachen. Je weiter wir in der Geschichte zurückgehen, desto unzureichender wird die Pflege der Kinder, die Fürsorge für sie und desto größer die Wahrscheinlichkeit, dass Kinder getötet, ausgesetzt, geschlagen, gequält und sexuell missbraucht wurden.[70]

Bei näherer Betrachtung implizieren diese Zeilen aber auch positive Eltern-Kind Beziehungen in der Vergangenheit, denn deMause spricht von einer „Wahrscheinlichkeit" der Misshandlungen, und „nicht von der Ausschließung eines anderen, etwa empathischen Verhalten".[71]
Er unterscheidet außerdem zwischen Mutterliebe, die sich durch empathische Fürsorge auszeichnet und projektiver Fürsorge, die eine Art der Bemutterung nach außen darstellt, die nicht den eigentlichen Bedürfnissen des Kindes

---

[69] siehe Anmerkung 11
[70] deMause S.12
[71] Friedhelm Nyssen, Lieben Eltern ihre Kinder? S.94

entspricht, sondern den Projektionen des Unbewussten des Erwachsenen auf das Kind dient.[72]

Wie äußert sich jedoch die – nennen wir es „Vorstufe" der Mutterliebe, die Form der Liebe, die sich **noch** nicht auf der Stufe der empathischen Fürsorge befindet, die laut deMause aber schon immer vorhanden war? Wie konkretisiert sie sich, warum ist laut deMause immer Liebe da gewesen, was veranlasst ihn zu dieser Behauptung? Seine Quellenselektion gibt keinen Antworten auf diese Fragen. Vielmehr veranschaulichen sie den Mangel an Einfühlungsvermögen Mütter ihren Kindern gegenüber, der so ausgeprägt gewesen sein muss, dass er jede Art einer Konkretisierung von empathischer Liebe wohl im Keim erstickte, denn deMause spricht z.B. von „ hundert Generationen von Müttern", die ihre Kinder der qualvollen Praxis des Wickeln unterzogen und „ihrem Protestgeschrei teilnahmslos zusahen, weil ihnen der für die Einfühlung in ihre Kinder nötige psychische Mechanismus fehlte".[73] Bei oberflächlicher Betrachtung ist es vom heutigen Standpunkt schwer oder fast unmöglich nachzuvollziehen, wie sich solche Verhaltens-muster etablieren konnten, doch das Wickeln barg auch positive Aspekte, die sogar bis in den Bereich der Mutterliebe hineinreichen.[74]

Elisabeth Badinter sieht in der Abschaffung des Wickelkissens, der Zwangsjacke wie sie es nennt, überhaupt erst eine Möglichkeit, Mutterliebe zu praktizieren, sprich dem Kind Zärtlichkeiten zukommen zu lassen.[75] Die „Befreiung des

---

[72] z.B. eine Mutter, die eine Stunde braucht, um das Baby in Windeln zu wickeln , deMause, S. 32
[73] A.a.O. S. 33
[74] darauf wird noch später eingegangen
[75] Badinter, Mutterliebe S. 163

Säuglings" vollzog sich erst Ende des achtzehnten, Anfang des neunzehnten Jahrhunderts und führt zu einer neuen Beziehung zwischen Mutter und Kind, die von Fürsorge und Zärtlichkeit gekennzeichnet ist. Doch natürlich war die Abschaffung der Wickelpraktiken nur ein Grund für die zunehmende Fürsorge der Mütter und der damit einhergehenden veränderten Mutter-Kind Beziehung. Doch welche anderen Faktoren spielten dabei eine Rolle und wie sah die Mutter-Kind Beziehung vor dem 18.Jahrhundert genau aus?

III. Die Mutter-Kind-Beziehung im geschichtlichen Wandel

3.1. Die Rolle des Kindes im frühen und späten Mittelalter

3.1.1. Allgemeiner Überblick und Tendenzen

Kindheit als eigenständigen Lebensabschnitt im heutigen Sinn, so Philippe Ariès, gab es im Mittelalter nicht, denn „die Vorstellung von Kindheit entspricht dem Bewusstsein von dem eines besonderen Wesens, welche das Kind vom Erwachsenen und sogar vom Jugendlichen unterscheidet. Dieses Bewusstsein fehlt der mittelalterlichen Gesellschaft"[76]

Cornelia Löhmer kommt in ihren Untersuchungen von Quellen über Kinder im fünfzehnten Jahrhundert zu gegensätzlichen Ergebnissen, auf die im Einzelnen noch später im Text eingegangen wird:

> Für die ersten sieben Lebensjahre eines Kindes lässt sich sehr deutlich nachweisen, dass die Erwachsenen dem Kind in seiner Besonderheit

---

[76] Ariès S.128

47

> entgegenkamen. Kinder kommen als Kinder in
> den historischen Zeugnissen der spätmittelal-
> terlichen Gesellschaft vor; es gibt eine Fülle von
> Quellenbeispielen, aus denen elterliche Zunei-
> gung und liebevolles Umsorgen der Kinder
> spricht. Diese Fürsorge entsprang einer Wahr-
> nehmung der kindlichen Besonderheit, deren
> theoretische Analyse erst vorbereitet wurde.[77]

Aber auch Neil Postman ist der Ansicht, dass es im Mittel-
alter keine Vorstellung von kindlicher Entwicklung, keine
Idee von Erziehung, von „einem Lernen in geordneten
Schritten" gab. Auch das Fehlen des Schamgefühls und der
Literalität trugen dazu bei, dass es im Mittelalter keine
Kindheit im heutigen Sinne gab.[78] Denn gerade in den letzten beiden Punkten wird das fehlende Wissen um das Kind
als ein besonderes Wesen, wie Ariès es definiert, besonders
deutlich: Postman unterscheidet zwischen zwei Ebenen des
Schamgefühls – die erste ist durch die totale Weigerung
oder Unfähigkeit einer Kultur, irgendetwas vor Kindern zu
verheimlichen, definiert und die zweite durch das Fehlen
der „civilité", der Manieren und Verhaltensvorschriften,
was bis in den Bereich der Reinlichkeitsvorschriften hinein-
reichte und erklärt, warum die unzureichende Pflege eines
Säuglings im Mittelalter nicht auf mangelnde Liebe der
Mutter oder Desinteresse dem Baby gegenüber zu interpretieren ist.

Kinder wurden mit einer Freizügigkeit behandelt, die heute
kaum nachzuvollziehen ist. Sie waren die Zielscheibe sexueller Späße der Erwachsenen. In der Öffentlichkeit galt dies
als völlig normal und sexuelle Anzüglichkeiten waren in der
adeligen Familie gleichermaßen Bestandteil des täglichen

---

[77] Löhmer, S. 253
[78] Postman, Neil, Das Verschwinden der Kindheit S. 27

Lebens wie in einer nichtadeligen Familie. „Die Sitte, mit dem Geschlechtsteil des Kindes zu spielen, gehörte zu einer weit verbreiteten Tradition (...)"[79]. Mit Aufkommen von moralischer und pädagogischer Literatur vollzog sich im siebzehnten Jahrhundert ein weit um sich greifender Sittenwandel, der in der Erkenntnis, dass es eine kindliche Unschuld gibt, seinen Höhepunkt findet. Diese neue Anschauung hatte großen Einfluss auf die Einstellung gegenüber der Kindheit, man machte es sich zur täglichen Aufgabe, dass Kind vor „schmutzigen Erscheinungen des Lebens" zu schützen sowie die Entwicklung seines Charakters zu fördern.[80]

Den meisten Menschen im Mittelalter mangelte es an sozialer Literalität, das heißt an Verhältnissen, „in denen die meisten Menschen lesen können und dies auch tun"[81]. Postman argumentiert folgendermaßen: Er sieht Lesen als eine Trennwand, die Zutritt zu einer fremden Welt verschafft. Doch dieser ist nur denjenigen gewährt, die lesen können. Für Postman bringt Lesen die Erwachsenheit hervor; ist jedoch keine Literalität vorhanden, gibt es auch keine Unterschiede zwischen Erwachsenen und Kindern. Die Welt des Mittelalters war eine mündliche Welt. Für Postman auch der Grund, warum die Quellen sagen, dass im Mittelalter die „Kindheit" mit sieben Jahren endete, denn in diesem Alter beherrschte das Kind die Sprache. „Eingebunden in mündliche Kommunikation, in der gleichen sozialen Sphäre wie die Erwachsenen lebend und nicht eingeengt durch isolierende Institutionen, hatte das

---

[79] Ariès S. 179
[80] Ariès S.198
[81] Postman, Neil S. 21

49

Kind im Mittelalter Zugang zu fast allen kulturell gebräuch-
lichen Verhaltensformen".[82]

Der Begriff „Kind" bezog sich eher auf ein Verwandt-
schaftsverhältnis als auf eine Alterseinschränkung. Erwachsene und Kinder hatten fast den gleichen Alltag, d.h. sie
verrichteten fast die gleichen Tätigkeiten, kleideten sich
gleich und pflegten die gleichen sozialen Kontakte. Sobald
Kleinkinder entwöhnt waren, nahmen sie ihren festen Platz
in der Erwachsenenwelt ein. Das Kind als Individuum hatte
überhaupt keinen Stellenwert in der mittelalterlichen Gesellschaft, es war nur eins von vielen und konnte stets
durch ein anderes Kind ersetzt werden.

Die Lebensgemeinschaft zwischen Kindern und Erwachsenen war von einer Art Lehrverhältnis gekennzeichnet:
durch die gemeinsame verrichteten Arbeiten lernten sie von
älteren Geschwistern und von den Erwachsenen alles, was
sie zur Bewältigung des Alltags benötigten.

Eine Entflechtung der Kinder – und Erwachsenenleben
fand erst im späten vierzehnten Jahrhundert für Kinder aus
bürgerlichen Familien durch die Einführung von Kollegs
und Seminaren statt. Dieser Prozess erfasste jedoch nicht
Kinder armer Familien, die somit nicht zur Schule gehen
konnten. Bis ins neunzehnte Jahrhundert mussten sie in
Fabriken, Manufakturen und im Handel unter schwierigsten
Bedingungen, die von Elend, Ausbeutung und Armut gekennzeichnet waren, arbeiten.

---

[82] Postman S.26

3.1.2. Die Rolle des Kindes in der Kunst

Ariès untersuchte mittelalterliche Kunst und fand keine Darstellungen von Kindheit, was ihn zu der sicherlich voreiligen, wie sich später im Text noch zeigen wird, Schlussfolgerung veranlasst, dass „in jener Welt kein Platz für die Kindheit war."[83]

In verschiedenen Kunstwerken des elften Jahrhunderts werden Kinder wie kleine Erwachsene dargestellt, sie unterscheiden sich nur in ihrer Größe von ihnen - nicht in ihren Proportionen - verfügen auf den Motiven sogar über die gleiche Mimik und ausgeprägte Arm- und Bauchmuskulatur wie Erwachsene.

Erst im dreizehnten Jahrhundert findet man in der Kunst Darstellungen von Kindern, die näher an die Lebenswirklichkeit heranreichen und auch eine Mutter-Kind-Beziehung erahnen lassen. Besonders anschaulich zeigt dies die Entwicklung am Motiv des Jesuskindes mit seiner Mutter, das anfänglich auch als kleiner Erwachsener abgebildet wird, dann aber allmählich, in der zweiten Hälfte des zwölften Jahrhunderts, darstellerisch an kindlichen Proportionen gewinnt und meistens in zärtlicher Position mit seiner Mutter gezeigt wird. Sie bilden sozusagen eine Einheit: Das Kind schmiegt sich an die Wange der Mutter oder legt seinen Arm um ihren Hals. Die Darstellungen der frühen Kindheit, der affektiven Mutter-Kind-Beziehung bleiben bis zum vierzehnten Jahrhundert jedoch auf das Jesuskind beschränkt. Dieses erfährt aber eine optische Veränderung: es wird immer jünger dargestellt, manchmal sogar als Neugeborenes, oft auch zappelnd und hilflos.

---

[83] Ariès, S. 92

Klaus Arnold weist jedoch darauf hin, dass man berücksichtigen muss, dass diese normativen Darstellungen in religiösem, im ikonologischem Zusammenhang entstanden sind und daher nicht „Abbilder von Mutter und Kind intendiert waren, sondern die Bilder des Weltenherrschers, der göttlichen Weisheit".[84]

Bald findet man nicht nur in der Ikonographie, sondern auch in der Malerei, in der Bildhauerei und in der Teppichknüpferei Motive von Kindern, die durch Geschichten über Kinder in frommen Erzählungen und Legenden inspiriert wurden. Die weltliche Ikonographie löst sich von der religiösen ab und aus der konventionellen allegorischen Ikonographie (Jahreszeiten, Lebensalter, Sinne und Elemente) entwickelt sich das so genannte Genrebild, also ein Bild mit Szenen aus dem täglichen Leben, in dem das Motiv des Kindes zwar immer mehr in den Vordergrund tritt, aber nicht ausschließlicher Gegenstand der Genrebilder ist. Hier finden sich auch immer wieder Bilder von Kindern an der Hand ihrer Mutter. Andere Darstellungen zeigen das Kind in Alltagssituationen fast immer zusammen mit Erwachsenen, jedoch immer optisch in den Vordergrund gerückt. „In den Mittelpunkt der Darstellung scheint die Erwachsenen-Kind-Beziehung gerückt, eine neue Innigkeit im Verhältnis von Mutter und Kind, aber auch die Ehrfurcht und Fürsorge anderer Personen für das Kind."[85]

Im fünfzehnten Jahrhundert finden sich erstmals Porträts von Kindern auf Grabbildnissen, die die Trauer um den Verlust des Kindes visualisieren.[86] Eine weitere Form der Darstellung des Kindes findet Verbreitung: der Putto, die

---

[84] Arnold, Kindheit im europäischen Mittelalter S. 445
[85] Elschenbroich, Kinder werden nicht geboren S. 74
[86] Arnold, Kind u. Gesellschaft in Mittelalter und Renaissance S. 40

Figur eines kleinen nackten Kindes, zumeist eines Knaben mit Flügeln. Diese Nacktheit war das Resultat des immer stärker werdenden Interesses an der Kindheit.[87]

Das neue Interesse am Kind und die damit verbundenen Gefühle den Kindern gegenüber spiegelten sich auch in den Porträts von toten Kindern. Dem Kind wurde dadurch eine vorher undenkbare Bedeutung beigemessen.

Auf Grabbildern erscheinen tote Kinder erst im sechzehnten Jahrhundert, da man es vorher nicht für wichtig hielt, auf diese Art und Weise ein Kind in Erinnerung zu halten, das so kurz das Erdendasein genießen konnte. Außerdem galt Kindheit als bedeutungslose Übergangszeit, also warum derer gedenken? Hinzu kam, dass man ja noch weitere Kinder bekommen konnte. Diese Gleichgültigkeit der Mütter gegenüber dem Tod eines ihrer Kinder war bis ins siebzehnte Jahrhundert sehr verbreitet. Konnte man die hohe Säuglingssterblichkeit für diese unbarmherzige Haltung verantwortlich machen oder war es mangelnde oder gar nicht vorhandene Mutterliebe? Oder resultierte das eine aus dem anderen in einer Art Selbstschutzfunktion? Handelte es sich gar bei diesem Verhaltensmuster um „einen völlig normalen Ausdruck des Lebensinstinkts der Eltern", wie Badinter behauptet?[88] Klaus Arnold bezweifelt dies:

> Natürlich ist es vorstellbar, dass die Eltern dieser Kinder die Erinnerung an ihre Existenz zugunsten der Überlebenden verdrängt haben; auch, dass sie angesichts ihrer permanenten Gefährdung den Lebenden eher mit Distanz gegenüberstanden. Doch ebenso denkbar sind im Angesicht dieser immensen Kindersterblichkeit noch intensivere Mutter-Kind-Beziehungen, eine

---

[87] Ariès S. 105
[88] Badinter S.61

> verstärkte Zuwendung der Eltern ihren Kindern
> gegenüber sowie eine ungebrochene Hoffnung,
> die sie in ihrer Nachkommenschaft verkörpert
> sahen.[89]

Arnold konstatiert, dass das Mittelalter durchaus die Fähigkeit besaß den Tod eines Kindes zu betrauern.[90] Dies kann durch die Spatenforschung, die aufwendige Bestattungsriten aufdeckte, die Rückschlüsse auf die Wertschätzung des Kindes erlauben und zweifelsohne durch einige Quellen belegt werden, Badinter erwähnt z.B. in diesem Zusammenhang die Bäuerinnen von Montaillou, die im vierzehnten Jahrhundert ihre verstorbenen Kinder in den Armen wiegen und beweinen, doch sie warnt vor einem falschen Rückschluss, zu dem solche Quellen verleiten, da sie zwar ein Zeugnis einer liebenden Mutter repräsentieren und beweisen, dass Mutterliebe „nicht vom achtzehnten oder neunzehnten Jahrhundert aus dem Nichts erschaffen wurde", aber trotzdem nicht als „universelle Haltung" interpretiert werden dürfen.[91]

Zu Beginn des siebzehnten Jahrhunderts werden die Kinder- Porträts, die nicht Grabbilder sind, immer zahlreicher, Ariès vermutet, um „den flüchtigen Aspekt der Kindheit" zu verewigen.[92] Besonders hervorzuheben ist die Tatsache, dass das Kind nicht mehr von Erwachsenen umgeben dargestellt wird, sondern allein. Das Kind wird Gegenstand vieler berühmter Maler und gelangt in den Mittelpunkt des künstlerischen Interesses.[93] Jede Familie möchte jetzt Porträts ihrer Kinder besitzen noch bevor sie dem kindlichen

---

[89] Arnold, Kindheit im europäischen Mittelalter
[90] Arnold, Kind u. Gesellschaft in Mittelalter und Renaissance S.37
[91] Badinter, S. 62
[92] Ariès S. 103
[93] z.B.. Rubens, Van Dyck, Franz Hals

Alter entwachsen sind. Im neunzehnten Jahrhundert wird dieser Wunsch durch die Photographie realisiert, „doch das Empfinden, das dahinter steht, ist dasselbe geblieben."[94]

Ariès Argumentation und Vorgehensweise, seine ikonographische Analyse - von nicht vorhandenen Darstellungen von Kindern in der bildenden Kunst auf eine nicht vorhandene Kindheit in jener Epoche zu schließen, ist vom wissenschaftlichen Standpunkt nicht akzeptierbar.[95] Die Untersuchung künstlerischer Darstellung von Kindern und Kindheit über die Jahrhunderte sollte als ein Faktor in die Bearbeitung des Themas mit einfließen, jedoch nicht als *der* Indikator einer vorhandenen oder nicht vorhandenen Kindheit gehandelt werden, was nur zu einseitigen, subjektiven Ergebnissen führen kann. Denn wie Shulamith Shahar entgegensetzt, wurden Kinder sehr wohl in der karolingischen, ottonischen und romanischen Kunst porträtiert, „und die Darstellung zeugt durchaus davon, dass die Kindheit als besondere Entwicklungsphase bekannt war."[96] Realistischer als Ariès's These erscheint die folgende Aussage von Klaus Arnold:

> Durch die Jahrhunderte des Mittelalters und der frühen Neuzeit hatte das Kind seinen festen Platz in der Gesellschaft; es war einfach da. In der Familie, im Haus, auf Straßen und Plätzen, überall waren Kinder gegenwärtig. Sie wurden geliebt und von ihren Eltern und der Umwelt zuweilen als lästig empfunden wie zu allen Zeiten; Licht und Schatten begleitete ihre Existenz wie heute noch.[97]

---

[94] Ariès S.103
[95] Ariès S. 92
[96] Shahar S. 112
[97] Arnold, Kind und Gesellschaft, S. 86

Cornelia Löhmer weist darauf hin, dass es kein Jahrhundert gab, in dem die Haltung dem Kind gegenüber *nur* von Liebe oder *nur* von Abweisung geprägt gewesen wäre, also das Fehlen einer Ambivalenz kennzeichnend gewesen wäre, obwohl deMause letztere in seinem Periodisierungsschema nur für die Zeit vom vierzehnten bis zum siebzehnten Jahrhundert vorsieht[98]

Doch wenden wir uns von den allgemeiner formulierten Aussagen über die Mutter-Kind Beziehung in der Kunst des Mittelalters bis ins siebzehnte Jahrhundert den Autoren zu, die sich mit schriftlichen Quellen der vergangenen Jahrhunderte beschäftigt haben.

3.1.3. Kindstod gleich Kindsmord?

Als wichtige Indikatoren für den Wandel und die Qualität der Mutter-Kind Beziehung gilt die Säuglings- und Kindersterblichkeit in den jeweiligen Epochen sowie Kindesmord und Todeswünsche gegenüber Kindern Auch das Verhalten gegenüber den Kindern, die eine Sonderstellung in der Gesellschaft einnahmen, sprich behinderte, uneheliche oder Waisenkinder ist von großer Bedeutung.

War der für das Mittelalter kennzeichnende Kinderreichtum, meist jedoch der oberen Gesellschaftsschicht, Ausdruck eines stark ausgeprägten Wunsches der Mütter nach Kindern oder war er nur ein Mittel, um der hohen Kindersterblichkeit entgegenzuwirken? Oder bestand ein Kausalzusammenhang zwischen dem Kinderreichtum und der

---

[98]Vgl. Cornelia Löhmer, Die Welt der Kinder im 15. Jahrhundert S. 42; Periodisierungsschema vgl. auch erste Kapitel in dieser Arbeit

Kindersterblichkeit, das heißt letztere resultierte aus ersterem aufgrund des hohen Geburtsrisikos? Shorter sieht nicht die medizinischen Unzulänglichkeiten der damaligen Zeit als Ursache für die hohe Kindersterblichkeit, sondern die Gleichgültigkeit der Mütter gegenüber ihren Kindern und stellt in diesem Zusammenhang fest: „ Die hohe Todesrate der Kleinkinder reicht als Erklärung für das traditionelle Fehlen der Mutterliebe nicht aus, *weil genau dieser Mangel an Fürsorge für die hohe Mortalität verantwortlich war.* "[99]

Tatsache ist, dass das Wissen um Verhütungs- sowie Abtreibungspraktiken im Mittelalter durchaus vorhanden war.[100] Warum wurde dann kein Gebrauch von ihnen gemacht? Oder war es gerade die gesellschaftliche Oberschicht der Bevölkerung, die durch den Umgang mit Medizinern als erste von den *Reglementierungen* bezüglich der Anwendungen der o.a. Praktiken in Kenntnis gesetzt wurden, was die hohe Geburten- sowie Sterberate zur Folge hatte? Denn in den unteren Schichten war die Anzahl der Geburten wesentlich geringer, da Verhütung und Abtreibung praktiziert wurde, jedoch nicht aus mangelnder Liebe zu Kindern, sondern um die Kinderzahl dem Lebensstandard, sofern davon überhaupt die Rede sein konnte, anzupassen. Frauen vom Lande waren sehr stark in das Arbeitsleben involviert und haben das Kind als Last empfunden. Jedes Mittel war ihnen recht, um das Kind ruhig zustellen und somit ihre Arbeit ausführen zu können.

Während in der Antike sowohl eheliche als auch uneheliche Kinder dem Kindermord zum Opfer fielen, wird die Tötung ehelicher Kinder im Mittelalter immer seltener. Die Ermordung *unehelicher* Kinder hält jedoch bis ins neunzehn-

---

[99] Shorter, Der Wandel der Mutter-Kind Beziehung... S. 286
[100] Löhmer S. 39

te Jahrhundert an und gilt auch als völlig normal.[101] Oft
waren es die ärmsten Frauen der Gesellschaft, die ihre Kinder töteten.

> „Und niemand wird die Unverschämtheit besit-
> zen zu behaupten, dass all diese Frauen, die in
> der einen oder anderen Weise ihr Kind aufga-
> ben, es aus Mangel an Liebe taten. „ Sie steck-
> ten in einer solchen physischen und moralischen
> Not, dass man sich fragt, wie sie noch ein weite-
> res großes Opfer hätten aufbringen können, wie
> sich in diesem katastrophalen Zustand Liebe
> und Zärtlichkeit hätten äußern können.“[102]

Badinter sieht in der Kindestötung keinen Mangel an Liebe,
sondern ein Durchsetzen des Überlebensinstinktes gegenüber dem Mutterinstinkt. Sicher eine sehr umstrittene An-
schauungsweise, die bei näherer Betrachtung der zahlreichen Methoden der Kindesentledigung in der Antike
jeglichen Anflug von Glaubwürdigkeit im Keim erstickt, sei
man auch noch so von dem Glauben an die omnipräsente
Mutterliebe gefangen genommen.

Die Antike stellt eine Epoche dar, die alles andere als von
mütterlicher Fürsorge geschweige denn von Mutterliebe
gekennzeichnet war. Üblich war es, sich der unerwünschten
Kinder auf brutalste Art und Weise zu entledigen: Kinder
wurden in Gefäße eingemacht und verhungerten elendig, in
Flüsse geworfen, in Misthaufen eingegraben oder an Weg-
rändern ausgesetzt, so dass sie als Fraß für die Tiere ende-
ten, um nur einige Beispiele zu nennen.[103]

---

[101] deMause S. 46
[102] Badinter S. 54
[103] deMause S. 48

Erstgeborene Jungen wurden normalerweise nicht getötet, es sei denn, es handelte sich um ein missgebildetes Kind. Mädchen wurden meist ermordet, da sie ja eines Tages wieder gebären könnten. So gab es bis weit ins Mittelalter hinein mehr Jungen als Mädchen.

Auch das Kindesopfer war eine weit verbreitete Praktik, die bis zum Jahr 7000 v. Chr. zurückreicht und von Kelten, Galliern, Skandinaviern, den Ägyptern, den Phöniziern, den Moabitern, den Ammonitern und zeitweise von den Israeliten praktiziert wurde.
Wo war die Mutterliebe, wenn die Mutter teilnahmslos mit ansah, wie ihrem Kind die Kehle durchgeschnitten wurde? Waren religiöse Bräuche so stark, dass sie keine Gefühle von Seiten der Mutter zuließen und sie zu solch grausamen Taten veranlassten?

DeMause berichtet auch von Kindern, die in Mauern oder Gebäudefundamenten einzementiert wurden, aus dem Glauben heraus, „dem Bauwerk einen größeren Halt zu verleihen."[104]

Missgebildete Kinder galten oft als Wechselbalg, als vom Satan ausgetauschte Kinder und wurden getötet. Auch wenn das Kind zuviel schrie oder nicht schnell genug wuchs, sah man den Grund dafür im Wechselbalg. Toleriert eine Mutter das Schreien ihres Kindes, wird sie als „heilig" angesehen, wie deMause in seiner Quelle von Guibert von Nogent aus dem zwölften Jahrhundert aufzeigt, ein sehr schönes Beispiel von für diese Zeit unkonventionell *praktizierte* Mutterliebe:

---

[104] A.a.O. S.49

...das Baby belästigte meine Mutter und deren Diener durch sein nächtliches Wimmern und Schreien so sehr – obgleich es bei Tage sehr lieb war und abwechselnd spielte und schlief -, dass alle, die in dem kleinen Raum waren, kaum Schlaf finden konnten. Ich hörte die Ammen, die meine Mutter sich genommen hatte, sagen, dass sie nachts niemals aufhören könnten, die Kinderrassel zu schütteln, so schlimm sei das Kind, und zwar nicht durch eigene Schuld, sondern, weil es vom Teufel besessen sei, den auszutreiben die Kraft einer Frau bei weitem nicht ausreiche. Die gute Frau wurde unsäglich gepeinigt; kein Kunstgriff half gegen das grelle Geschrei. Aber sie schaffte das Kind niemals aus dem Haus...[105]

Wurde das Kind nicht getötet, tat man alles, um das Kind zu kontrollieren: Man wickelte es in Bandagen, band es an Stühlen fest, um zu vermeiden, dass es wie ein Tier auf der Erde herumkriechen würde.[106] Der Einfallsreichtum kannte keine Grenzen, wenn es darum ging, das den Windeln entwachsene Kind unter Kontrolle zu halten. Eine Methode hierfür war das Erschrecken der Kinder mit Gespenstern, die sie mitnehmen, fressen, in Stücke reißen oder ihnen das Blut aus dem Knochenmark saugen würden. Im Mittelalter kamen noch Hexen und Teufel dazu sowie der Jude, der den Kindern die Kehle durchschnitt.

Ein anderer häufiger Grund für den Tod eines Kindes war das Ersticken im elterlichen Bett. Hierbei legte die Mutter aus übertriebener Liebe das Kind nicht in sein eigenes Bett, eine Sitte, die das Kind oft mit dem Leben bezahlen musste. Fest steht allerdings nicht, bei wie vielen Fällen es sich bei diesen Praktiken um verdeckten Kindermord handelte,

---

[105] deMause S. 26
[106] auf die Wickelpraktiken wird noch an anderer Stelle eingegangen

was durchaus eine gängige Praktik darstellte, sich des Kindes zu entledigen, denn in kirchlichen Schriften finden sich schon seit dem frühen Mittelalter Strafandrohungen im Falle des Erstickungstodes eines Kindes im elterlichen Bett. [107] Trotzdem kam es praktisch nie zu Ausführungen solcher Strafen.[108] Offenbar wurde hier nicht zwischen ermordeten legitimen und ermordeten illegitimen Kindern unterschieden, was der Aussage deMause' widerspricht, der behauptet, dass „die Tötung illegitimer Kinder bis ins neunzehnte Jahrhundert hinein für normal gehalten wurde".[109]

3.1.4. Aussetzung

Eine weitere Praktik, sich des unerwünschten Kindes zu entledigen, war die Aussetzung. Diese Schicksal wurde vor allem unehelichen und missgebildeten Kindern sowie im heidnischen Pommern noch bis zum zwölften Jahrhundert Mädchen zuteil.[110]

Die Kindesaussetzung war oft die einzige Möglichkeit, die eine Rettung des Kindes in Aussicht stellte. Vielleicht kann man hier schon erste Zeichen von Empathie in der Mutter-Kind-Beziehung entdecken, da die Mutter die Aussetzung der Tötung vorzog. Badinter geht davon aus, dass die Mütter von großen Gewissensbissen gequält wurden, da man oft Zettel an den Windeln der Babys fand, die Rechtfertigungen für die Aussetzung beinhalteten oder die besonderen Merkmale der Neugebornen auflisteten verbunden mit

---

[107] Arnold, Kind und Gesellschaft S. 48
[108] Löhmer, die Welt der Kinder im 15. Jhd. S. 41
[109] deMause S 46
[110] Arnold, Kindheit im europäischen Mittelalter S 462

der geäußerten Hoffnung, dass man das Kind eines Tages wieder zu sich nehmen könnte.[111] Für Badinter stellt selbst die Kindestötung keinen „Beweis der Gleichgültigkeit", sondern „ein Anzeichen großer menschlicher Bedrängnis" dar.[112]

Im vierzehnten und fünfzehnten Jahrhundert wurden die ersten Findelhäuser in größeren Städten errichtet und es wurden Gelder für Personen, die sich Findelkindern annahmen, zur Verfügung gestellt. Aber auch in diesen Häusern hatten Mädchen schlechte Überlebenschancen, denn sie starben in größerer Zahl als Jungen. Interessant ist die Tatsache, dass es im gehobenen Bürgertum im Mittelalter durchaus keine Schande darstellte, ein Findelkind in der Familie aufzunehmen – es war sogar üblich.[113] Eine Form der Adoption also – aus dem Wunsch heraus, ein hilfloses Wesen vor dem Tod zu bewahren (Empathie?), mit Liebe zu überschütten, es zu versorgen ihm eine Zukunft zu bieten oder „nur" ein Procedere, das der Familie Anerkennung in der Gesellschaft verschaffte?

3.1.5. Die Rolle der werdenden Mutter

Da die Mutter-Kind-Beziehung an Erfahrungen der Schwangerschaft und der Pflege des hilfsbedürftigen Säuglings anknüpft, ist es aufschlussreich, auch diese Bereiche unter dem Aspekt der Mutterliebe in die Untersuchung mit einzubeziehen, denn „Schwangerschaft und Geburt sind nicht nur biologische Vorgänge, sondern haben auch gesell-

---

[111] Badinter S. 45
[112] Badinter S. 45
[113] Arnold, Kindheit im europäischen Mittelalter . S.49

schaftliche Begleiterscheinungen, in deren Auffassung und Ausgestaltung sich die herrschenden Werte einer Gesellschaft widerspiegeln."[114] Wie fühlte sich eine werdende Mutter im Mittelalter? Wie reagierte ihr Umfeld auf die Schwangerschaft? Galt die Geburt als ein freudiges Ereignis? Antworten auf diese Fragen werden sicherlich Auswirkungen auf die Mutter-Kind-Beziehung gehabt haben.

Schwangerschaft galt als ein Zustand, in dem die Frau Privilegien genoss. Wenn sie z.B. Hunger auf Wild oder Fisch verspürte, durfte sie ihren Mann oder Knecht auf die Jagd schicken, auch durfte sie Feld- oder Waldfrüchte sammeln, was normalerweise verboten war und aufgrund der sich verschärfenden ökonomischen Situation der Landbevölkerung strafrechtlich verfolgt wurde.[115] Allerdings warnt Cornelia Löhmer davor, diese Sonderrechte für werdende Mütter als allzu fürsorgliches Interesse am werdenden Kind zu interpretieren, da es um den *Abbau* von Rechten ging, den nur noch schwangere Frauen umgehen konnten.

Des Weiteren war es schwangeren Frauen erlaubt sich zu schonen, was sie jedoch nicht von ihren täglichen Pflichten entband, sie aber auf ein für die schwangere Frau erträgliches Maß reduzierte. Bei diesen Maßnahmen dachte man weniger an das ungeborene Kind als an die werdende Mutter, da es sich bei den damaligen Bestimmungen nicht um Reglementierungen handelte.[116] Erste Schriften zum Thema Kinderpflege und der Entwicklung des Kindes im Mutter-

---

[114] Löhmer, S. 59
[115] Löhmer S.61 Das gemeinsame Nutzungsrecht der Landbevölkerung an Wiesen, Wäldern und Flüssen wurde eingeschränkt, was 1525 zum Krieg zwischen den Bauern und den Fürsten und Landesherren führte.
[116] Löhmer S. 66

leib sowie dem den Umständen angemessenen Verhalten der werdenden Mutter wurden gegen Ende des fünfzehnten Jahrhunderts veröffentlicht. Erstmals macht man sich auch Gedanken über den Einfluss der Ernährung der Mutter auf die Entwicklung des ungeborenen Kindes. Die Existenz des Kindes im Mutterleib galt nun als ein „Zustand, der Gefahren und Chancen birgt und daher nicht dem Zufall überlassen bleiben sollte."[117]

Während der Geburt war die Frau auf die Hilfe von Hebammen angewiesen, die gegebenenfalls geburtshilfliche Maßnahmen einleiteten und für die erste Versorgung des Neugeborenen verantwortlich waren. Trotzdem galt die Geburt für Mutter und Kind als lebensbedrohendes Risiko. Nach der Geburt wurde das Kind gebadet, mit Öl eingerieben und bekleidet bzw. gewickelt und der Mutter ein Essen gereicht. Auch als sich der offizielle Berufsstand der Hebamme im Laufe des fünfzehnten Jahrhunderts bildete, war es ihnen nicht erlaubt, einen Unterschied zwischen armen und reichen Frauen zu machen, wenn es darum ging, Hilfe zu leisten.[118] Ein wichtiger Aspekt, der armen Frauen gleiche Voraussetzungen schaffte und eine zusätzliche Belastung ausschließen sollte.

Die Wöchnerin galt für ca. sechs Wochen als „unrein" und war somit vom religiösen und gesellschaftlichen Leben der Gemeinde ausgeschlossen. Allerdings entband man sie auch ihrer sonst üblichen Pflichten, so dass sie Gelegenheit hatte, sich von der Geburt zu erholen und sich mit der neuen Situation auseinanderzusetzen. In dieser Zeit empfingen sie

---

[117] Löhmer S.251
[118] Die Frauen, die bis zur ersten Hälfte des 15. Jahrhunderts Geburtshilfe leisteten, waren "mütterliche Helferinnen", jedoch nicht medizinisch professionell ausgebildet.

auch Besuch, der oft mit einem "feucht-fröhlichen Gelage" endete, da er mit Gebäck, Früchten und Getränken versorgt wurde.[119] Die Niederkunft stellte also ein freudiges Ereignis dar, das es zu feiern galt. Zum Schutz der Wöchnerin wurden sogar Gesetze erlassen, die ein gewisses Überschreiten der Menge der zu reichenden Speisen und Getränken Einhalt gebot. Nach sechs Wochen „reinigte" sich die Mutter durch einen Kirchgang.

3.1.6. Die Wickelpraktik – Warum ließen Mütter dies zu?

> Bei Babys galt es … alle Körperteile ihrem Platz und ihrer Anordnung entsprechend sanft und ohne Krümmungen und raue Falten einzubinden. Denn Kinder sind wir zarte Zweige, und je nachdem, wie man sie behandelt, werden sie gerade oder krumm … Die Arme sollen seitlich neben dem Körper liegen, damit sie richtig wachsen können…Nach vier Monaten lässt man die Arme frei, umwickelt aber Brust, Bauch und Füße nach wie vor, um ein Jahr lang die Luft fernzuhalten, bis das Kind kräftiger geworden ist. Die Tücher sind häufig zu wechseln wegen der Pisse und des Kots… Wenn das Kind sieben Monate alt ist, sollte man (wenn man Lust dazu hat) seinen Körper zweimal wöchentlich mit warmen Wasser waschen, bis es entwöhnt ist…[120]

Das Wickeln der Kinder in den ersten Lebensjahren diente mehreren Zwecken: DeMause sieht den Grund für diese uns heutzutage unmenschlich erscheinende Praktik in den

---

[119] Löhmer S. 98
[120] Tucker in L. deMause, Hört ihr die Kinder weinen? S. 344

gefährlichen Projektionen, die die Mutter auf das Kind geladen hat und die ohne die Anwendung der Wickeltechnik verheerende Ausmaße zeigen würde: Das Kind würde sich Wunden zufügen, sich gar verstümmeln, wenn die einbandagierten Gliedmaßen es nicht daran hindern würden.

Für Frauen vom Lande hatte das Wickeln einen praktischen Grund: sie mussten mit auf dem Feld arbeiten und hatten zudem kein Geld für eine Haushaltshilfe, so dass sie ihr Kind allein lassen konnten ohne befürchten zu müssen, dass dem Kind etwas zustößt.
Doch nicht alle Kinder wurden gewickelt, wie Cornelia Löhmer feststellt. Sie fand auch bildliche Darstellungen von nicht gewickelten Kindern, jedoch reichen sie ihrer Meinung nach nicht aus, dass „die Behauptung vom Brauchtum des fest gewickelten Kindes in Frage gestellt werden muss".[121]

Shorter deutet die Wickelpraxis als Desinteresse der Mutter an ihrem Kind: da es jeglichen Bewegungsspielraum des Babys einschränkte, war es ihm unmöglich, auf Spielereien der Mutter zu reagieren, die sich somit erst gar nicht bemühen brauchte. "Eine Befreiung des Kindes aus seinem Wickelgefängnis wäre gleichbedeutend mit einer Befreiung zur Interaktion mit einer auf neue Weise spielenden Mutter."[122]

Eine weitere Rechtfertigung für das Wickeln war das Verlangen, die Regression in „ein animalisches Stadium", der fötalen Lage, mit Hilfe des Wickelns verhindern zu wollen.[123]

---

[121] Löhmer S.122
[122] Shorter, Wandel d. Mutter-Kind-B. zu Beginn d. Moderne S. 272
[123] Hört ihr die Kinder weinen Marvick S. 378

Renggli sieht in der Einengung des Körpers durch Wickel-
bänder jedoch einen positiven Aspekt: Er spricht dem Wickeln die gleiche Wirkung zu wie dem Körperkontakt z.B.
mit der Mutter, der auf den Säugling beruhigend wirkt.[124]
Das Wickeln entstand auch aus dem Wissen heraus, dass
Säuglinge nach der Geburt Wärme brauchten und die Bänder somit vor Kälte schützen sollten.[125] Da die Heizmög-
lichkeiten im Mittelalter vollkommen unzulänglich waren,
handeln viele Predigten in dieser Epoche von der das Kind
dicht an sich drückenden, guten Mutter, die „ihm die kalten
Händchen mit Stroh wärmt"[126]. Auch in der Literatur
taucht dieser Topos auf, ein deutliches Zeichen von Mutterliebe zu jener Zeit.

Weit verbreitet war auch die Meinung, dass Wickeln der
einzige Garant für gesundes Wachstum der Gliedmaßen sei.
Man befürchtete, dass der Säugling sich sonst die Glieder
ausrenken würde, da er noch nicht seine Motorik kontrollieren konnte. DeMause berichtet von einer neuen medizinischen Studie, die besagt, „dass gewickelte Kinder extrem
passiv sind, ihre Herzen langsamer schlagen, sie weniger
schreien, weitaus mehr schlafen und im allgemeinen in sich
gekehrt und träge sind."[127]

Elizabeth Wirth Marvick vermutet, dass das Wickeln wegen
des enormen Zeitaufwandes nur so lange praktiziert wurde,
wie unbedingt notwendig.[128] Quellen geben unterschiedliche Zeitspannen an: Mal heißt es vier Monate, mal neun
Monate. DeMause spricht sogar on den ersten Jahren des

---

[124] Renggli: Angst und Geborgenheit S. 244
[125] Shahar S.102
[126] Shahar S.103
[127] deMause S. 63
[128] Hört ihr die Kinder weinen Marvick S. 379

Kindes, die es in Wickelbändern verbrachte.[129] Doch welche Gesichtspunkte waren jeweils unter welchen Bedingungen maßgebend? Die Kontrolle? Die Bequemlichkeit? Die Fürsorge?

Tatsache ist, dass die vermeintlichen Vorzüge der Wickelpraktik immer mehr angezweifelt wurden. Der englische Arzt Dr. William Cadogan gab im Jahre 1748 dem Leiter eines Findelhauses folgende Anweisungen:

> You perceive, Sir, by the Hints I have already dropp'd, what I am going to complain of...
> The first great Mistake is, that they think a new-born Infant cannot be kept too warm; from this Prejudice they load and bind it with Flannels, Wrappers, Swaths, Stays etc. commonly called Cloaths; which all together are almost equal to its own Weight; but which means a healthy Child in a Month's Time is made so tender and chilly, it cannot bear the external Air...
> The truth is, a new-born Child cannot well be too cool and loose in its Dress...
> ...these Swaddling-cloaths, ... are put so tight, and the Child is so cramp'd by them, that its Bowels have not Room, nor the Limbs any Liberty, to Act and exert themselves in the free easy manner they ought...[130]

Ende des achtzehnten Jahrhunderts gaben England und Amerika als erstes Land die Wickelpraktik auf, in Deutschland und Frankreich kam es erst im neunzehnten Jahrhundert zu dieser Einsicht.

---

[129] deMause S.62
[130] Cunnington Costumes for Births ... S. 32

3.1.7. Das Kind und sein Umfeld

Dass „in jener Welt kein Platz für die Kindheit war" widerspricht die Tatsache, dass es im Mittelalter sehr viele Ge-
genstände gab, die speziell für die Säuglinge, deren Wohlergehen und Betreuung konzipiert waren.[131] Schon vor der
Geburt des Babys machte man sich Gedanken über die
bevorstehenden Ereignisse. So zählt die Ende des sechzehnten Jahrhunderts verfasste Liste einer Hebamme folgende Gebrauchsgegenstände zur Vorbereitung der Niederkunft auf: „Sope and candles, beds, shirts, biggins,
wastcoats, headbands, swaddlebands, crossclothes, bibs,
tailclouts, mantles, hose, shoos, coats, petticoats, cradle and
crickets".[132] Bibs – Lätzchen – gab es schon im frühen vierzehnten Jahrhundert; biggins war eine speziell für Säuglinge
konzipierte Kopfbedeckung, eine Art Häubchen, das aus
zwei bis drei Stoff – Schichten bestand, wobei die erste aus
Leinen , die zweite aus Wolle war. Man war sich damals
schon darüber bewusst, dass Babys eine sehr empfindliche
Haut haben und das tragen von Wolle im direkten Körperkontakt zu Hautirritationen führen konnte.

Um das Baby vor dem Erstickungstod im elterlichen Bett
zu bewahren, ging man im späten Mittelalter dazu über,
dass Kind in einer Wiege zu betten, deren Schaukeln auch
eine beruhigende Wirkung auf das Kind hatte. Ein Zeichen
der wachsenden Fürsorge sind die quer über die Wiege
verlaufenden so genannten Wiegenbänder, die das Kind vor
einem Sturz bewahren sollten. Man war sich also schon der
Schutzbedürftigkeit eines kleinen Menschen bewusst, eine
Tatsache, die deMause' These von Eltern, die „gar kein
Interesse an der Verhütung von Unfällen haben, solange

---

[131] Ariès S. 40
[132] Cunnington S.24

bei ihnen keinerlei Schuldgefühl vorhanden ist – sind es doch ihre eigenen Projektionen, die bestraft werden" - ins Wanken geraten lässt.[133] DeMause vermutet, dass sich die häufigen Unfälle, die den Kindern früher widerfuhren auf die Tatsache zurückführen lassen, dass man diese früher so oft allein ließ und Menschen, die „sehr starke Projektionen entwickeln, keine unfallsicheren Öfen entwickeln".[134] Doch nicht alle Eltern waren von starken Projektionen behaftet, eine Tatsache, die deMause in seinen Ausführungen völlig außer acht lässt.[135]

Cornelia Löhmer stellte in ihren Untersuchungen jedoch fest, dass Kinder „nur zum Schlafen alleine gelassen wurden. Sie waren fast immer in Begleitung von Erwachsenen oder anderen Kindern, gleich ob man sie in der häuslichen Umgebung, auf der Straße oder auf Festen antrifft".[136]

Löhmer berichtet außerdem von einer Illustration, die sehr schön zeigt, dass man auch durchaus im Mittelalter darauf bedacht war, dass Baby vor Unheil zu bewahren: Das Bild thematisiert den Stadtbrand von Bern aus dem Jahre 1405.[137] Einige Männer sind mit Löscharbeiten beschäftigt, andere haben die Habseligkeiten vor der brennenden Stadt aufgetürmt. Im Vordergrund des Bildes befindet sich eine Gruppe Kinder in sitzender Position, dahinter in sicherer Entfernung von den Flammen eine Wiege mit einem schlafenden Säugling, dessen Rettung man in der Geschäftigkeit

---

[133] deMause S. 24
[134] deMause s.24
[135] wie eingangs erwähnt, ist in deMause's Periodisierungsschema gerade das Mittelalter die Zeitspanne, die von starken Projektionen der Eltern gekennzeichnet war, die in körperlicher Misshandlung der Kinder ihren Ausdruck fand. Vgl. Kapitel 2.4.
[136] Löhmer S. 253
[137] Löhmer S. 141

nicht vergessen hatte, ein Indiz, das gegen die oft für das Mittelalter postulierte Gleichgültigkeit spricht.

Auch folgendes Gespräch zwischen einer Mutter und dem Kindermädchen ihres Babys aus dem Jahre 1568 zeugt von Mutterliebe und Fürsorge.

> How now, how doeth the childe?...Unswaddle him, undoe his swadling bands...wash him, before me...Pull off his shirt, though art pretty and fat my little darling...Now swadle him againe, But first put on his biggin and his little band with an edge, where is his little petticoat? Give him his coate of changeable taffeta and his sattin sleeves. Where is his bibbe? Let him have his gathered aprone with stringes, and hang a Muckinder to it. You need not yet to give him is corall with the small golden chayne, for I believe it is better to let him sleepe until the afternoon.[138]

Diese Quelle zeigt sehr schön, wie besorgt die Mutter um das physische Wohl ihres Kindes ist. Sie gibt Anweisungen es zu waschen, es zu bekleiden und macht sich Gedanken, ob das Kind auch genug Schlaf bekommt. Auch hat sie ein Korallenkettchen für ihr Kind, das als Glücksbringer und Zahnungshilfe galt sowie das Kind beschützen sollte. Dass sie ihr Kind zärtlich mit einem Kosenamen – fat little darling – anspricht, zeugt auch von psychischer Verbundenheit. [139]

---

[138] Cunnington S. 31
[139] Tucker in Hört ihr die Kinder weinen S. 344

Doch zurück zu den Utensilien für Säuglinge: Außer der Wiege gab es den Badezuber, der die Reinigung des Babys erleichtern sowie dessen Sicherheit gewährleisten sollte, da die Gefahr des Ertrinkens durch die geringe Aufnahmekapazität des Behälters sehr klein war. Auch fand man Abbildungen von Lauflerngestellen, Saugflaschen, so genannten Breipfännchen und Schnullern.

Unter dem Aspekt der Regression im siebzehnten und achtzehnten Jahrhundert wird später in dieser Arbeit von Gegenständen berichtet, die für alles andere als für das Wohlergehen des Kindes konzipiert waren.

3.1.8. Die Ammen – Mutterersatz oder gesellschaftliche Notwendigkeit?

„Die häufigste Form der institutionalisierten Weggabe in der Vergangenheit bestand jedoch darin, dass man die Kinder einer Säugamme übergab", so deMause in seinem Essay.[140] Bis zum achtzehnten Jahrhundert schickten fast alle Eltern ihre Kinder direkt nach der Geburt zu einer Amme, die sorgfältig unter den Gesichtspunkten der Gesundheit und des Charakters ausgesucht wurde, denn man war der Ansicht, dass der Charakter der Amme durch die Milch dem Kind eingeflößt würde.

Badinter konstatiert: „Der erste Hinweis auf die Ablehnung des Kindes besteht in der Weigerung der Mutter, ihm die Brust zu geben".[141]

---

[140] deMause S. 58
[141] Badinter S.45

Diesen Tatbestand erkannten wohl auch Prediger und Verfasser wichtiger Schriften und wiesen konsequenterweise auf die Notwendigkeit hin, dass Kind selbst zu stillen. In Predigten und Bußbüchern wurden Frauen, die nicht selbst stillen, sogar angeprangert. Thomas Chobham bezeichnete die Versagung des Stillens gleichsam als Mord.[142]

Die Tatsache, dass man sich über die Nachteile des Stillens durch eine fremde Person Gedanken machte, zeugt doch schon von einer mehr oder wenig intensiven Beschäftigung mit dem Kind, die weit über die gedankliche Ebene hinausreicht und zudem ausschließlich auf sein Wohlergehen ausgerichtet ist.

Shulamith Shahar berichtet von einem Junggesellen, der sich im frühen fünfzehnten Jahrhundert „ausführlich über die Vorzüge des Stillens durch die Mutter" äußert. „Er erklärt, wenn er heirate, werde er keine Amme einstellen, es sei denn, seine Frau sei krank oder habe keine Milch mehr…Die Mutter erziehe ihr Kind natürlich mit größerer Hingabe, Sorgfalt, Ausdauer und Liebe als eine fremde Frau, die es um des Geldes willen tue. Mit der Fürsorge für das Kind wachse auch die Mutterliebe.[143]
Warum sich trotz der negativen Behaftung die Institution, ja die Berufsgruppe der Säugamme durchsetzen konnte, ist nicht mehr nachvollziehbar. War es fehlende Mutterliebe, wurde das Stillen als lästig empfunden oder war es einfach eine gesellschaftliche Notwendigkeit und ein Privileg der oberen Schicht, die Kinder zu Ammen zu schicken?[144] Sha-

---

[142] Shahar, S.71
[143] Shahar S.77
[144] Nicht immer wurden die Kinder weggeschickt, oft kamen die Ammen auch ins Haus, was für sie eine höhere Vergütung bedeutete.

har sieht den Hauptgrund für das Ammenwesen in den häufigen Schwangerschaften, die man während der Stillzeit als besonders gefährlich hielt, „da man glaubte, dass der Fötus dann vom guten Blut genährt werde und für den Säugling nur das Schlechte übrig bliebe."[145] Um dieser Situation vorzubeugen, schickte man die Kinder zu Ammen. Irene Hardach-Pinke zitiert aus Johann Storchens „Unterricht vor Hebammen" aus dem Jahr 1746 folgende Anweisung:

> „Die Angelegenheiten aber, welche erfordern, dass ein Kind einer Amme anvertrauet werde, und ein Medicus mit gutem Gewissen seine Consens darzu geben kan, bestehen im folgenden: 1) Wenn ein Kind seine Mutter frühzeitig verlieret. 2) Wenn eine Mutter, sowol wegen kränklicher Leibes-Constitution überhaupt, als insonderheit übeler Disposition der Brüste, sich untüchtig befindet, ihr Kind selbst zu stillen. 3) Wenn die Mutter von vornehmen Stande oder sonsten wegen angeborner Zärtlichkeit nicht stillen kann."[146]

Die Mütter, die die Dienste der Ammen in Anspruch nahmen, kamen aus der oberen Schicht oder gehörten sogar dem Adel an. Aus der Unterschicht sind nur Beispiele von solchen Müttern bekannt, die uneheliche Kinder hatten und diese aus finanziellen Gründen oder aus Schamgefühl nicht stillten.[147] Ansonsten war es üblich, dass Frauen vom Lande ihre Kinder selbst stillten, so auch Frauen der arbeitenden Stadtbevölkerung.

---

[145] Shahar S. 86
[146] zitiert in Irene Hardach-Pinke –Kinderalltag S. 166
[147] Shahar S. 85

Auch wenn zeitgenössische Schriftsteller es für besonders erwähnenswert hielten, wenn eine Mutter ihr Kind selbst stillte, darf es nicht als mangelnde Mutterliebe interpretiert werden, wenn sie es vorzog, dass Kind wegzugeben, da es ihrem gesellschaftlichen Stand entsprach und einfach nicht üblich war, dass Kind selbst zu versorgen. Badinter spricht sogar von einer regelrechten „Mode", das Kind wegzugeben. [148] Dieses Verhaltensmuster hat nichts mit dem von Ariès postulierten, im Mittelalter verbreiteten emotionalen Abwehrmechanismus der Eltern gegen allzu starke Bindungen an Säuglinge aufgrund ihrer geringen Lebenserwartung zu tun. Shahar stellt in diesem Zusammenhang fest:

> Wenn eine Mutter, die ihr Neugeborenes zu Ammen in Pflege gab, zu ihrem Kind keine besonders innige Bindung hatte, so war nicht ein emotionaler Abwehrmechanismus dafür ausschlaggebend, sondern vielmehr die Tatsache, dass sie mit ihrem Kind nicht vertraut war, da sie es nicht stillte. Mütterlichkeit ist kein fest geprägtes Verhaltensmuster; der Mutterinstinkt kann sich auf vielfältige Weise äußern, und zwar nicht nur wegen des individuellen Temperaments, sondern auch aufgrund der unterschiedlichen sozialen Strukturen, Verhaltensnormen und Werte der jeweiligen Gesellschaft. [149]

---

[148] Badinter S.47
[149] Shahar S. 90

3.2. Kindheit im siebzehnten und achtzehnten Jahrhundert (bis 1760)

3.2.1. Allgemeiner Überblick und Tendenzen

> Seit dem Ende des Mittelalters bis zum sechzehnten/siebzehnten Jahrhundert hatte das Kind sich bei seinen Eltern einen Platz erobert, auf den es in der Zeit, wo es Brauch war, es Fremden anzuvertrauen, keinen Anspruch hatte erheben können. Die Rückkehr der Kinder in den Schoß der Familie ist ein großes Ereignis: es verleiht der Familie des siebzehnten Jahrhunderts im Wesentlichen den Charakter, der es von der mittelalterlichen Familie unterscheidet.[150]

Trotzdem handelt es sich noch nicht um die „moderne Familie", die durch intensiven Gefühlsaustausch zwischen Eltern und Kindern und durch einen um das Kind statt um die Familie zentrierten Alltag gekennzeichnet ist. Diese Entwicklung betraf die Aristokratie und das Bürgertum, reiche Handwerker und reiche Bauern. Arme Familien, die den größten Teil der Bevölkerung ausmachten, verharrten noch bis zu Beginn des neunzehnten Jahrhunderts in mittelalterlichen Zuständen.

Vielmehr ist die Familie des siebzehnten Jahrhunderts eine Familie, deren Leben sich nicht im Haus, sondern auf der Straße, in der Öffentlichkeit abspielte. Es war keine Zeit für Einsamkeit oder Individualität. „Die Dichte der Gesellig-

---

[150] Ariès S.554

keit ließ der Familie keinen Raum."[151] Die Familie existierte
natürlich, wurde jedoch nicht unter positiven Aspekten wie
z.B. Liebe, Zusammenhalt, Verständnis wahrgenommen
und war zudem noch von großer Sozialität gekennzeichnet.
Doch wie sah es mit der Mutterliebe zu jener Zeit aus?

Badinter geht zwar davon aus, dass es immer Liebe in der
Familie gegeben hat, diese aber bis zum Jahr 1750/1760 als
sozialer und familiärer Wert nicht existierte.[152] Assoziationen wie Passivität und Kurzlebigkeit hafteten der Liebe an,
die aus diesen Gründen „nicht das vorrangige Band zwischen den Familienmitgliedern sein konnte."[153] Warum
gerade 1750/1760? In dieser Zeit veröffentlicht Rousseau
seinen Erziehungsroman „Emile", der die Familie, die auf
Mutterliebe beruht, als Ideal ins Leben ruft. Dieser Roman
gilt als Basiswerk für die Thematik der Kindheit, Rousseau
als der Begründer der neuen pädagogischen Ideen. „Es war
ihm gelungen, den Ideen, dem Gefühl für die Kindheit,
dem neuen Bild der Kindheit einen Umfang, eine Bedeutung und eine erstaunliche Präzision zu geben."[154]

Vor diesem Datum interpretiert Badinter gewisse Verhaltensweisen dem Kind gegenüber als eine Geringschätzung
oder eine Gleichgültigkeit besonders von Seiten der Mütter.
Zwar sind die Kinder als solche mehr in den Mittelpunkt
des Interesses gerückt, jedoch auf eine negative Weise:
Kinder werden als Spielzeug, als „poupée" betrachtet und
dementsprechend behandelt. Sie werden gehätschelt, wie
Ariès es formuliert, und dienen zur Belustigung und zum
Vergnügen. Sobald das Kind jedoch dem Hätschelalter

---

[151] Ariès S. 557
[152] Badinter S. 33
[153] Badinter S.33
[154] Snyders, die große Wende der Pädagogik S.211

entwachsen ist, war es von keinem Interesse mehr und wurde mit „überspitzter Strenge oder eisiger Gleichgültigkeit" behandelt.[155] Jetzt betrachteten sie die Erwachsenen als Maschinen, die keine Gefühlsregung zeigen dürfen. Sie bestanden aus Springfedern und Stoff, die mit Hilfe von Erziehern und Ärzten in die gewünschte Form gebracht werden sollten.

Aber es gab auch eine Gegenbewegung, nämlich die der Moralisten im siebzehnten Jahrhundert, die es verurteilten, das Kind als Spielzeug zu betrachten und dementsprechend zu behandeln. Sie sahen im Kind ein hilfebedürftiges, zerbrechliches Geschöpf Gottes, das es zu unterstützen und zu fördern galt. Man wurde sich der Unschuld und Schwäche des Kindes bewusst und zumindest eine kleine Gruppe von Priestern, Juristen und Moralisten sahen es als ihre Pflicht an, diese zu bewahren.[156]

Diese neue Betrachtungsweise spiegelt sich auch in der Ikonographie wider: große Verbreitung findet die Darstellung von Schutzengeln in Form von Kindern im sechzehnten und siebzehnten Jahrhundert.

Doch zurück zu dem Kind, „das in Form gebracht werden soll": Diese Anforderung sollte auch mit Hilfe der Institution Schule bewerkstelligt werden, die allen gesellschaftlichen Schichten zugänglich war. Mädchen allerdings waren bis gegen Ende des siebzehnten Jahrhunderts von der Schulbildung ausgeschlossen. Für sie war immer noch der frühe Eintritt in die Erwachsenenwelt, „sobald sie ihre Schritte und ihre Sprache hinreichend beherrschten", zwingend.[157]

---

[155] Badinter S. 56
[156] Ariès S. 457
[157] Ariès S. 463

Während der Schulzeit, die etwa vier bis fünf Jahre dauerte, waren die Kinder einer strengen Disziplin unterworfen, die im Kontrast zu der Freiheit des Erwachsenen stand. Die Einführung von Disziplin und anderen erzieherischen Maßnahmen, die auf eine Bewahrung der Unschuld des Kindes zielten, unterschied sich das Kolleg des siebzehnten Jahrhunderts von der traditionellen Schule des Mittelalters, die eine rein technische Schule für die Priesterausbildung war. Die Einführung des Kollegs entsprach dem sich entwickelndem Bedürfnis der Eltern, näher bei ihren Kindern zu sein und diese nicht mehr wie früher im zarten Alter von sieben Jahren außer Haus zu schicken, um in anderen Familien ein Lehrverhältnis zu absolvieren, wie es damals üblich war, oft kam es danach in ein Kloster oder ein Pension und verbrachte somit, hochgerechnet, nur insgesamt fünf bis sechs Jahre im Elternhaus, wobei Badinter einräumt, dass dies nicht unbedingt heißt, dass es mit den Eltern lebte.[158] Wie konnte sich unter diesen Bedingungen eine Beziehung zwischen Mutter und Kind entwickeln? Überhaupt nicht, denn die Kinder waren meistens moralisch und emotional verwahrlost.[159] Erst mit der Institution der Schule sollte sich dies ändern. Bei den Eltern setzte sich langsam das Bewusstsein durch, dass das Kind, das in der Familie verbleibt, benachteiligt sein würde gegenüber dem Kind, dass eine breit gefächert angelegte, öffentliche Erziehung genießen könnte und somit nicht mehr auf den familiären Bereich beschränkt wäre, der diese Art der Bildung nicht bereitstellen könnte.[160] Dieser Einstellungswandel hatte zur Folge, dass die Großfamilie zur Kernfamilie wird. Badinter deutet das Interesse der Eltern an dem Schulbesuch ihrer Kinder jedoch als „Narzissmus" und als „ein

---

[158] Badinter S. 91
[159] Badinter S. 91
[160] Neumann, Wandel Kindheit vom Mittelalter bis 20 Jhd. S. 194

moralisch ehrenwertes Mittel, um sich ihrer zu entledigen".[161]

Ariès sieht die Schulzeit als Verlängerung der Kindheit, als „eine Annäherung zwischen Familie und Kindheit".[162] Diese Entwicklung bleibt nicht ohne Einfluss auf die Mutter-Kind-Beziehung: der Wunsch, das Kind so lange wie möglich bei sich zu haben, kann jetzt realisiert werden und findet in einem von Emotionen geprägten Mutter-Kind Verhältnis seinen Ausdruck. „Man ist geneigt, der Zuneigung zwischen Eltern und Kindern, die gewiss so alt ist wie die Welt selbst, einen neuen Wert beizulegen, da doch die gesamte Realität der Familie darauf beruhen soll."[163] Aus Sicht der Kinder sieht er die Schulzeit als einen „langen Prozess der Einsperrung (wie der Irren, der Armen und der Prostituierten), der bis in unsere Tage nicht zum Stillstand kommen sollte. Und den man als Verschulung bezeichnen könnte."[164]

Doch bevor diese Entwicklung ihren Lauf nehmen konnte, hielt die Geringschätzung des Kindes weiter an und äußerte sich auch im Fehlen einer Kinderheilkunde, die erst im neunzehnten Jahrhundert aufkommt, die dazugehörige Bezeichnung „Pädiatrie" erst 1872. Für England trifft dies allerdings nicht zu, denn dort erschien das erste Buch über Kinderheilkunde im Jahre 1545, verfasst von dem englischen Arzt Thomas Phayre.[165] Tucker unterstreicht die für die Epoche ungewöhnliche Auffassung des Autors, der es schon damals für eine dringende Notwendigkeit erachtete,

---

[161] Badinter S. 103
[162] Ariès S. 509
[163] Ariès S. 514
[164] Ariès S. 48
[165] Tucker S. 333

dem Wohlergehen von Kindern besondere Aufmerksamkeit angedeihen zu lassen.

Einige Ärzte haben sich sogar geweigert, ein Kind zu behandeln und überließen dessen Versorgung lieber der Mutter oder der Amme. M.J. Tucker spricht gar davon, dass Kinder „senilen Greisen, dümmlichen Frauen und trotteligen Betrunkenen gleichgesetzt wurden und nie ein freundliches Wort über sie fiel.."[166]

Die Mutter-Kind-Beziehung vor der Wende Mitte des achtzehnten Jahrhunderts war auch oft von schlechten wirtschaftlichen Bedingungen und sozialen Konventionen gekennzeichnet die die Mütter in den beschriebenen Zeitabschnitten zu Handlungen veranlassten oder gar zwangen, die unter der heutigen Sichtweise als unmenschlich und abstrus erscheinen. Doch wie erklären sich die gleichen Verhaltensmuster bei Frauen, die nicht in wirtschaftlicher Not waren, warum empfanden sie ihre Kinder als Last? Badinter vermutet, dass der Mutterliebe damals kein Wert beigemessen wurde, sei es auf sozialer oder moralischer Ebene.[167] Das Baby wurde als Last empfunden, derer man sich entledigen musste. Es wurde zur Amme gegeben. Starb es dort z.B. durch Vernachlässigung, nahm man dies zur Kenntnis, ohne weiter nach der Todesursache zu forschen. Auch war es nicht üblich, in gewissen Zeitabständen Erkundigungen über die Befindlichkeit des bei der Amme verbliebenen Kindes einzuholen. Der Tod des Kindes wurde als profaner Zwischenfall empfunden, denn einzelne Kinder „wurden nicht so intensiv geliebt".[168] Trauer zeigte man nur, wenn man ein Kind mit besonderen Quali-

---

[166] Tucker in Hört ihr die Kinder weinen S. 326
[167] Badinter S. 62
[168] Badinter S. 63

täten verlor.[169] Oft erschienen die Eltern noch nicht einmal auf der Beerdigung, für Badinter der stärkste Beweis für Gleichgültigkeit.

Doch mit der Weggabe zur Amme war es nicht getan: Das Kind hinderte die Frau an der Teilnahme am gesellschaftlichen Leben und störte das Eheleben, egal wie alt es war. Außerdem galt es als unchic, sich um ein Kind zu kümmern. „Es war besser, gar nichts zu tun, als den Anschein zu erwecken, dass man sich um so unbedeutende Dinge kümmerte."[170]

Badinter macht die geringe Wertschätzung der Mutterschaft von der damaligen Gesellschaft sowie den Drang nach Freiheit aus einer starken Ich-Bezogenheit erwachsend und das Bedürfnis, die Frauenrolle über den Radius der Mutterschaft hinaus auszuweiten für die ablehnende Haltung der Mütter verantwortlich.

Irene Hardach-Pinke ist sich auch des autoritativen Einflusses der Gesellschaft auf das Rollenverhalten der Mütter bewusst:

> „Frauen als Mütter entfalten so viel oder so wenig Mutterliebe, wie von ihnen erwartet wird. Mütterlichkeit kennzeichnet in unserer Kultur keine eigenständige Verhaltensdimension im Lebenszusammenhang von Frauen, vielmehr schreiben die gesellschaftlichen Verhältnisse der Mutter-Kind-Beziehung den Grad ihrer Entzweiung oder Vereinigung vor."[171]

---

[169] z.B. galt ein besonders hübsches Aussehen als eine herausragende Eigenschaft
[170] Badinter S. 73
[171] Hardach-Pinke Zwischen Angst und Liebe S. 561

Auch Shahar ist dieser Meinung:

> „Mütterlichkeit ist kein fest geprägtes Verhal-
> tensmuster; der Mutterinstinkt kann sich auf
> vielfältige Weise äußern, und zwar nicht nur we-
> gen des individuellen Temperaments, sondern
> auch aufgrund der unterschiedlichen sozialen
> Strukturen, Verhaltensnormen und Werte der
> jeweiligen Gesellschaft".[172]

Doch welche anderen Komponenten beeinflussten die
Mutter-Kind-Beziehung? In jedem Fall, wie Shahar postuliert, hing das Verhalten der Mütter auch von der jeweiligen
Situation und den gegebenen Lebensbedingungen ab. Bei
armen Familien stand die Aufrechterhaltung des Haushaltes
im Mittelpunkt mütterlichen Interesses, Mutterliebe in
Form von spontanem Eingehen auf die kindlichen Bedürfnisse, ständiger Fürsorge und Zuwendung hatte keine
Chance, sich zu etablieren, da die Mutter in die Erwerbstä-
tigkeit miteinbezogen war, was aber nicht heißt, dass Mütter ihre Kinder nicht liebten. Mutterliebe konnte sich auch
in Form von materieller Sorge für die Kinder äußern.[173]

---

[172] Shahar S. 90
[173] Hardach-Pinke, Kinderalltag S. 160

3.2.2. Die Reaktion auf das Kind im siebzehnten und achtzehnten Jahrhundert: Resonanz oder Regression?

„Wollte man die Intensität dieser (Mutter-)Liebe, so wie sie sich über vier Jahrhunderte hinweg in Frankreich darstellt, graphisch veranschaulichen, so ergäbe sich eine Sinuswelle mit Höhepunkten vor dem siebzehnten Jahrhundert, im neunzehnten und im zwanzigsten Jahrhundert und Tiefpunkten im siebzehnten und achtzehnten Jahrhundert."[174]

Dieser erste „Höhepunkt" in der von Badinter beschriebenen Sinuswelle ist durch Resonanz, die das Kind erstmals erfährt, gekennzeichnet. Das Kind wird als solches wahrgenommen, man ist sich seiner Besonderheit, seiner Unschuld bewusst und bemüht sich, diese zu bewahren. Doch wie kommt es wieder zu den „Tiefpunkten" im siebzehnten und achtzehnten Jahrhundert? Tatsache ist, dass zu jener Zeit der Tod eines Kindes immer noch als etwas völlig Alltägliches galt, da die Kindersterblichkeit immer noch nicht abgenommen hat. Bei dritten oder vierten Kindern empfanden die Eltern es oftmals als „Segen", wenn sie verstarben.[175] Wie vereinbart sich die Gleichgültigkeit der Mütter gegenüber dem Kindstod mit der neuen Resonanz, die das Kind kurz zuvor erfuhr? Muss man mangelnde Fürsorge, vielleicht auch aus Unwissenheit, für die immer noch hohe Sterberate verantwortlich machen? In Frankreich lag die Sterblichkeit bei Kindern bis zu einem Jahr bei 25%. Hierbei ist hervorzuheben, dass die Wahrscheinlichkeit, dass ein Kind starb, das nicht zu einer Amme gegeben wurde, nur halb so hoch war. Oft starben die Babys schon auf der Rei-

---

[174] Badinter S. 297
[175] Shorter, Der Wandel d. Mutter-Kind-Beziehung zu Beginn der Moderne S. 262

se zu ihrer Amme an Unterkühlung oder fielen vom Wagen, meistens ohne dass dies jemand bemerkte. Wenn das Kind die Amme erreichte, überlebte nur ein Drittel die Zeit bei ihr. Badinter sieht die Weggabe des Kindes an eine Amme als eine verdeckte Form der Kindestötung.[176] Auch Shorter ist in seinen Untersuchungen zu einem übereinstimmenden Ergebnis gekommen: „Die Schlussfolgerung ist einfach unausweichlich, dass der Gebrauch von gewerblichen Ammen in dieser Weise einen verhüllten Kindesmord darstellte."[177] Waren sich die Mütter der Konsequenzen einer Weggabe des Kindes nicht bewusst? Oder ignorierten sie die Realität? Waren sie, wie Shorter behauptet, von „Ferne und Unbekümmertheit" gekennzeichnet?[178]

Er kommt in seinen Untersuchungen über den Wandel in der Mutter-Kind-Beziehung im achtzehnten Jahrhundert zu dem Schluss, dass „historisch ein Großteil der Kindermortalität und -morbidität als verhüllte Form des Kindermordes betrachtet werden kann."[179] Im Gegensatz zu Ariès, der sich in seinen Untersuchungen mit der oberen Schicht der Gesellschaft auseinandergesetzt hat, arbeitet Shorter mit Quellen der niederen Schicht, die die Familiensituation von Bauern, Handwerkern, Landarbeitern und Ladenbesitzern beschreiben.

Wie schon unter dem Aspekt des Stillens und der Weggabe diskutiert, spielt die Ernährungsform des Kindes in die Beurteilung der Mutter-Kind-Beziehung bzw. der Mutter-

---

[176] Badinter S. 110
[177] Shorter, Die große Umwälzung in der Mutter-Kind Beziehung vom 18. – 20. Jhd S. 517
[178] Shorter, Die große Umwälzung in der Mutter-Kind-Beziehung vom 18.-20 Jhd S. 503
[179] Shorter, Umwälzung S. 504

liebe erheblich mit ein, denn „das wesentliche Argument für den Kindesmord durch Vernachlässigung ist das Versäumnis zu stillen".[180] Da die Ernährung zum größten Teil für die Säuglinssterblichkeit verantwortlich war, hing die Überlebenschance des Babys von der Entscheidung der Mutter ab, ob sie das Kind nun selbst stillte, einer Amme überließ oder es gar traditionell mit Abführmitteln oder unverdaulichem Mehl-Brei fütterte. Fakt ist, dass Durchfall die häufigste Todesursache darstellte. Auch hier wieder die Frage: war es mangelnde Mutterliebe, *wollte* man das Ende schnell herbeiführen oder fehlte es an Aufklärung die Ernährung des Säuglings betreffend, die es solchen Verhaltensmustern erlaubten sich auszubreiten und zu etablieren? Shorter bezeichnet diesen Konflikt treffend „als Dilemma zwischen gütiger Unwissenheit und bewusster Böswilligkeit" und schätzt den damaligen Wissensstand die Ernährung für Babys betreffend als ausreichend genug ein, so dass Mütter, die ein Interesse am Überleben des Säuglings gezeigt hätten, durchaus in der Lage gewesen wären, dieses zu sichern.[181] DeMause weist auch auf die unzureichende Ernährung von Kindern hin. Dies betraf nicht nur Kinder von Armen; in den wohlhabenderen Familien litten besonders Mädchen unter Hunger, da sie weniger essen zugeteilt bekamen als die Jungen.[182]

Betrachtet man die Sterblichkeitsdifferenz zwischen ehelichen und unehelichen Kindern, so lässt sich ein deutlicher Unterschied feststellen, der sich als weiteres Indiz für die intendierte Tötungsabsicht deuten lässt: es starben viel

---

[180] Shorter, Umwälzung S. 514
[181] Shorter, Die große Umwälzung S. 508
[182] deMause S. 62

mehr illegitime als legitime Kinder.[183] Diese „Regel" traf auch auf Kinder zu, derer man sich durch Aussetzung entledigen wollte. Bei einer Geburtenzahl von durchschnittlich 20.000 bis 25.000 Kindern jährlich in Paris verzeichnete man Ende des achtzehnten Jahrhunderts 5.800 Aussetzungen. Ungefähr zwei Drittel dieser Kinder waren unehelich.[184] Betrachtet man diese Zahlen, muss man doch davon ausgehen, dass Mütter einfach kein Interesse daran hatten, ihr Kind am Leben zu halten, denn es muss sich doch herumgesprochen haben, dass Aussetzung trotz zahlreicher gewordenen Findelhäusern sowie Weggabe an Ammen in den meisten Fällen zum Tode führten.

Da Abtreibung, Empfängnisverhütung und vorsätzlicher Kindesmord verboten waren, entledigte man sich unerwünschter Kinder durch Vernachlässigung und „systematischem Versagen elterlicher und geburtshilflicher Fürsorge". Dazu gehörten:

- Beruhigung des Kindes mit Schnaps
- Vollstopfen mit Brei in den ersten Tagen des Lebens
- Alleinlassen im Haus
- Mangelnde medizinische Betreuung
- Versorgung mit dem Essen für Erwachsene in den ersten sechs Monaten, „wobei die Mutter im besten Fall indifferent gegenüber dem Stillen war"[185]

Hinzu kam die katastrophale Hygiene: „Dreck als eine verhüllte Form von Kindesmord".[186] Hebammen und Medizi-

---

[183] Shorter, Die große Umwälzung S. 511 Shorter beruft sich auf von Ärzten erstellte Statistiken jener Zeit
[184] Badinter S. 109
[185] Shorter, Die große Umwälzung S. 514

ner wussten um den Zusammenhang von Krankheiten und Schmutz, doch Mütter ergriffen keine Maßnahmen, die das Kind hätten schützen können. Wurde das Kind krank, weigerte man sich, einen Arzt zu rufen. Mütter zeigten eine unvorstellbare Indifferenz gegenüber ihren Kindern, selbst wenn sie von Krankheit und Tod bedroht waren. Shorter weist darauf hin, dass diese Haltung in ganz Europa verbreitet war. Eltern betrachteten es als eine Erlösung, wenn ihr Kind verstarb.[187]

Sie nahmen an, dass die Kinder auf direktem Wege als Engel in den Himmel kommen würden. Die toten Körper wurden in Brunnenverliese oder, wenn sie auf dem Weg zu ihrer Amme starben, in Straßengräben geworfen. Kein Mensch wird behaupten, dass diese Mütter ihre Kinder geliebt haben.

Was die Kontrolle der Kinder betrifft, regredierten die Methoden, derer sich die Erwachsenen vom sechzehnten bis zum neunzehnten Jahrhundert bedienten und wieder an frühmittelalterliche Zustände erinnern ließen. Kaum waren die Kinder den Wickelbändern entwachsen, griff man auf andere Möglichkeiten der Kontrolle und Züchtigung zurück. Kinder wurden regelrecht „gefoltert". Es gab Korsette aus Knochen, Holz oder Eisen, die sowohl Jungen als auch Mädchen tragen mussten. Manchmal wurden sie an Rückenbretter gebunden, während ihre Füße in Fußblöcken verweilen mussten. Um eine gute Haltung zu gewährleisten, mussten sie Eisenkragen tragen. An dieser Stelle muss sich der Leser doch fragen, ob es sich bei diesen Maßnahmen um einen Ausdruck der Fürsorge handelt, war man doch auf eine gesunde Haltung des Kindes bedacht, die „nur" aus mangelnder Empathie der Eltern in diesen Praktiken

---

[186] Shorter Umwälzung S. 516
[187] Shorter Umwälzung S. 520

ihren Ausdruck findet oder „die gute Haltung" nur ein Vorwand war, um das Kind ruhig zu stellen und es am z.B. unkontrollierten Herumkrabbeln zu hindern. Eine schreckliche Vorstellung, wenn man die Beschreibung solch eine Gerätschaft liest: „Eine schreckliche *Martermaschine* (Hervorhebung von der Autorin) von der Art der Rückenbretter, ein mit rotem Ziegenleder überzogenes flaches Stück Eisen, das auf meinem Rücken angebracht und unten mit einem Gürtel an der Taille, oben durch zwei Achselstücke an den Schultern befestigt war. In der Mitte ragte eine Stahlstange oder ein Stahlstachel mit einem Stahlkragen heraus, der meine Kehle umspannte."[188]

Ein weiteres trauriges Kapitel in der Geschichte der Kindheit ist die Züchtigung der Kinder mit Schlägen. DeMause fand heraus, dass fast alle Ratschläge zur Kindererziehung vor dem achtzehnten Jahrhundert zu Schlägen rieten, die mit Peitschen, Schaufeln, Rohrstöcken, Holz- und Eisenstangen, Rutenbündeln und der „discipline" (eine Peitsche mit kleinen Ketten) ausgeführt wurden.[189] „Die in den Quellen geschilderten Schläge waren im Allgemeinen schwer, führten zu Blutergüssen und Blutungen, begannen früh und bildeten einen regelmäßigen Bestandteil des Lebens von Kindern."[190] Erst im achtzehnten Jahrhundert kam es zu einem Rückgang des Schlagens, im neunzehnten Jahrhundert bediente man sich auch nicht mehr der Peitsche, sowohl in Amerika als auch in Europa.

Karl Friedrich von Klöden erinnert sich 1765 an die Prügelgewohnheiten seines Großvaters: selbst bei Nichtigkeiten wurden seine Kinder mit den verschiedensten Hilfsmit-

---

[188] Francis Kemble in deMause S. 64
[189] deMause S. 67
[190] deMause S. 68

teln verprügelt, nach dem Motto je mehr Schläge, desto besser für das Kind.[191]
Auch in der Schule galt es als völlig normal, Ordnung und Gehorsam mit Hilfe von Haselrute, Lineal und Ochsenziemer herzustellen. Den Kindern, die einen Hauslehrer hatten, erging es nicht anders, denn „es wird übereinstimmend berichtet, dass ein Hauslehrer oder Schullehrer für umso besser galt, je rücksichtsloser er prügelte."[192]

Ein Grund für das Prügeln von Kindern, die immer noch ein „Abladeplatz für gefährliche Projektionen" darstellten, war sicherlich, wie deMause postuliert, die bei den Eltern vertretene Vorstellung, dass es ihre Aufgabe sei, „das Kind in die rechte Form zu bringen."[193] Der pädagogische Leitsatz „wer sein Kind liebt, der züchtige es" bestimmte das Alltagsleben in den Familien.

> „Im achtzehnten und neunzehnten Jahrhundert galt es als Zeichen von Elternliebe (Hervorhebung von mir), Kinder zu überwachen und bei Übertretungen von Verboten zu züchtigen, während es als Zeichen von Nachlässigkeit und fehlenden Erziehungsengagement angesehen wurde, Kinder zu verwöhnen oder unkontrolliert ihrer Arbeit oder ihrem Spiel nachgehen zu lassen."[194]

Kinder erlebten die körperliche Züchtigung wahrhaftig nicht als ein Zeichen von Elternliebe. Im Gegenteil: Abgesehen von den physischen Schäden, den Schmerz, den sie erleiden mussten, trugen sie auch bleibende psychische Schäden davon. Viele autobiographische Zeugnisse bestäti-

---

[191] Scheck, in Gefördert und misshandelt S. 29
[192] Scheck, in Gefördert und misshandelt S. 31
[193] deMause S. 83
[194] Irene Hardach-Pinke, Kinderalltag S. 190

gen, dass die Erinnerung an Prügelstrafen die Beziehung zu den Eltern nachhaltig negativ beeinflusste. Hardach-Pinke stieß in ihren Recherchen auf folgende autobiographische Quelle von Friedrich Christoph Schlosser, Jahrgang 1776, Sohn eines Advokaten, der über seine Mutter schreibt:

> Unglücklicherweise hatte ihr Vater sie nach alter Weise mit Prügel und nur mit Prügel erzogen, sie wandte diese rüstringische Manier auch auf alle ihre Kinder an und verdarb sie alle ohne Ausnahme durch die unvernünftige Strenge. Auch auf meinen Charakter wirkte dies sehr nachtheilig ein, erst spät konnte ich durch viele Mühe und Aufmerksamkeit auf mich selbst die Folgen dieser Art von Erziehung weniger schädlich machen, vertilgen werde ich sie nie.[195]

Erschreckt man bei dieser Vorstellung, muss man sich jedoch vor Augen halten, dass auch in unserer „fortschrittlichen" Zeit viele Kinder körperlich und sexuell misshandelt werden.

3.3. Die Wende – die Mutterliebe

„Im letzten Drittel des achtzehnten Jahrhunderts vollzieht sich so etwas wie eine Revolution der Einstellungen. Das Bild der Mutter, ihrer Rolle und ihrer Bedeutung ändert sich tief greifend, wenn auch die tatsächlichen Verhaltensweisen noch nachhinken."[196] Die Datierung für dieses ein-

---

[195] F.C. Schlosser bei Hardach-Pinke Kinderalltag S. 195 und 196
[196] Badinter S. 113

schneidende Ereignis variiert: Badinter sieht den Einschnitt im Jahr 1760, Shorter im Jahr 1850. [197] DeMause legt sich nicht so genau fest: in seinem Periodisierungsschema sieht er „den große Wandel in den Eltern-Kind-Beziehungen" (deMause) im achtzehnten Jahrhundert, dem Jahrhundert, das durch „Intrusion" gekennzeichnet ist.[198]

Es entsteht der Mythos vom Mutterinstinkt, wie Badinter es formuliert, der spontanen Liebe der Mutter zu ihrem Kind. Natürlich gab es dieses Gefühl laut Badinter schon immer, aber nie wurde es als gesellschaftlicher Wert idealisiert, von dem der Mensch und die Gesellschaft profitieren konnten. Bemühungen um das Wohlergehen und die Erziehung des Kindes gewannen immer mehr an Bedeutung und prägten seinen Alltag, der zukunftorientiert unter dem Aspekt der Nützlichkeit ausgerichtet war.[199] Shorter warnt jedoch davor, Mutterliebe als historische Konstante vorauszusetzen und erinnert daran, dass Zuneigung und Zärtlichkeit der Mutter gegenüber dem Kind vor dem Jahr 1850 in den breiten Volksschichten eine Seltenheit waren.[200] Irene Hardach-Pinke sieht Mutterliebe als eine stets vorhandene, jedoch starken Schwankungen unterliegende Variable in der Zeitrechnung, die über das Schicksal der Kinder entscheidet.

> Wenn Mutterliebe auch sicher keine Errungenschaft der Moderne ist, sondern es sich wohl eher um ein sehr früh in der Menschheitsgeschichte entstandenes Gefühl handelt, dessen Auslösung und dessen Ausdrucks- und Empfindungsmöglichkeiten mit den historischen und

---

[197] Shorter, Der Wandel der Mutter-Kind-Beziehungen…S. 256
[198] siehe hierzu S. 258
[199] Hardach-Pinke Zwischen Angst und Liebe S. 571
[200] Shorter Wandel S. 256

sozioökonomischen Bedingungen variieren, so wurden doch nicht alle Kinder geliebt. Und wenn es schon denjenigen Kindern schlecht ging, die geliebt wurden, so waren die Überlebenschancen der ungeliebten noch geringer."[201]

Doch wie kam es zu dem neuen psychologischen Band zwischen Mutter und Kind im achtzehnten/neunzehnten Jahrhundert? Die Frau als Mutter erfährt von Seiten der Gesellschaft eine Rollenaufwertung, so dass Gefühle wie Fürsorge, Zärtlichkeit und vor allem Mutterliebe ein anhaltender, bedeutender Wert beigemessen wurde, den zu erreichen die Frau für erstrebenswert erachtete. Dieses neue Bewusstsein wurde von drei Diskursen genährt: dem wirtschaftlichen, dem philosophischen und dem Diskurs, der nur für Frauen bestimmt war.[202]

Der wirtschaftliche Diskurs wurde mit dem Aufkommen der Demographie initiiert. In Europa stellte man Berechnungen über die Bevölkerungszahl an, die vermuten ließen, dass das Wachstum stark zurückging. Einige Philosophen, darunter auch Rousseau, machten die Frauen für diese Entwicklung verantwortlich, man warf ihnen vor, ihren mütterlichen Pflichten nicht mehr nachzukommen. Der Wunsch, die Kindersterblichkeit zu senken, wurde immer ausgeprägter, Hebammen wurden besser ausgebildet, denn sie machte man vor allem für Leben oder Tod des Neugeborenen verantwortlich. Die Länder waren auf Reichtum und Wachstum bedacht – gegen Ende des achtzehnten Jahrhunderts erhielten Kinder einen kommerziellen Wert, was sich natürlich auch negativ auswirkte, denn sie wurden als billige Arbeitskräfte in Fabriken und Gruben in den damals entstehenden Industriestädten eingesetzt. Dieses

---

[201] Hardach-Pinke, Zwischen Angst und Liebe S. 549
[202] Badinter S. 116

Schicksal traf besonders Kinder aus armen Familien, die man als „Treibstoff für den englischen Industrieapparat benutzte".[203] Sie hatten meistens die gleichen Arbeitszeiten und arbeiteten unter den gleichen Bedingungen wie die Erwachsenen. [204] Doch – wie Postman feststellt, „konnte auch die brutale Behandlung der Kinder aus der Unterklasse die Idee der Kindheit nicht zerstören" – eine Idee, die von dem Bürgertum und der Oberklasse in England weitergedacht und schließlich realisiert wurde: ab dem Jahr 1840 hatte die Welle der Elementarschulbildung auch die Unterschicht der Bevölkerung erfasst und setzte gegen Ende des neunzehnten Jahrhunderts in England dem Analphabetismus in allen gesellschaftlichen Klassen ein Ende.

Einen Grund für die verbesserte familiäre Situation im achtzehnten und neunzehnten Jahrhundert waren Staat und Verwaltung, die sich plötzlich für das Wohlergehen und die Erziehung der Kinder mitverantwortlich fühlten, der Staat nahm sich das Recht, „als Beschützer der Kinder" zu fungieren, Eltern und Staat teilten sich nun die Autorität.
Diese Strömung gewann durch den philosophischen Diskurs, der durch die Aufklärer des achtzehnten Jahrhunderts initiiert wurde, an Potential, allen voran Rousseau, Voltaire, Diderot, Kant und Locke. Locke sieht in seinem 1693 erschienenen Buch „Gedanken über Erziehung" das Kind noch als Mittel für einen Zweck, unterstrich aber gleichzeitig die Wichtigkeit seiner geistigen Entwicklung verbunden mit seiner Fähigkeit zur Selbstbeherrschung, die es durch die Förderung der körperlichen Entwicklung zu unterstützen galt. Die Idee der Kindheit erfuhr einen neuen Wert durch Lockes' Vorstellung von der Tabula rasa, der unbeschriebenen Tafel, die der Geist eines jeden Menschen bei

---

[203] Postman, S.66
[204] Elschenbroich, Kinder werden nicht geboren S. 211

der Geburt ist. Eltern und Lehrer seien verantwortlich für das, was auf der Tafel einmal stehen würde. Ein unwissendes Kind sei als Zeichen des Versagens von Seiten der Erwachsenen zu deuten. Mit diesem Schuldgefühl behaftet, wurde die Fürsorge und Erziehung oberstes Ziel, „eine nationalen Aufgabe ersten Ranges".[205]

Die Romanheldin von Samuel Richardsons' im Jahre 1740 erschienenen Erzählung „Pamela or Virtue rewarded" äußert nach eingehender Lektüre Lockes' folgende Worte:

> „Next he forbids too warm and too straight clothing. This is just as I wish it. How often has my heart ached, when I have seen poor babies rolled and swathed, ten or a dozen times round; then blanket upon blanket, mantle upon that; its little neck pinned down to one posture: its head more than it frequently needs, triple-crowned like a young pope, with covering upon covering; its legs and arms, as if to prevent that kindly stretching which we rather ought to promote, when it is in health, and which is only aming at growth and enlargement, the former bundled up, the latter pinned down; and how the poor thing lies on the nurse's lap, a miserable little pinioned captive, goggling and staring with its eyes, the only organ it has at liberty..."[206]

Dieses von Empathie für das Baby gekennzeichnete Zitat zeigt sehr deutlich, wie die von Locke propagierte Förderung der körperlichen Entwicklung des Kindes ein neues Bewusstsein entstehen ließ: das Baby in seinen Wickelbändern wird als Gefangener (captive) bezeichnet, dessen einzige Freiheit darin besteht, dass es seine Augen bewegen kann.

---

[205] Postman S. 70
[206] vgl. Cunnington Costume for birth S. 31

3.3.1. Rousseau oder die Eigenständigkeit der Kindheit

Rousseaus zentrale These ist die der Eigenständigkeit der Kindheit. Er wird als der „Entdecker" der Kindheit gefeiert. [207] Er hält das Kind aus sich heraus wertvoll, und nicht nur als Mittel zu einem Zweck. Kindheit ist das Lebensalter, in dem der Mensch dem „Naturzustand" am nächsten ist. „Damit werden Kinder zu Repräsentanten des Naturzustandes inmitten des Gesellschaftszustandes…Im Naturzustand liegt das Versprechen auf eine bessere Welt. "[208] Mit jedem neuen Leben, sprich mit jedem neuen Kind, erhält man somit die Möglichkeit, die Welt zu verbessern. Diese Aufgabe liegt in den Händen der Pädagogen.[209] Rousseau verachtet Werte der Zivilisation und lobt die kindliche Lebensfreude, die durch Spontaneität, Stärke, Freude und der Fähigkeit des Glückes gekennzeichnet ist. Diese ist dem Kind als ein harmonisches und zusammenhängendes Wesen ureigen und macht es liebenswert, „reißt den Erwachsenen mit, macht ihn glücklich, verjüngt ihn."[210]

„Rousseau hat weniger eine neue Auffassung über die Kindheit eingeführt, als vielmehr gefordert, dass sich eine Liebe, die bis dahin verdeckt und durch tausend Gebräuche und tausend Zwänge erstickt war, frei ausdrücken möge."[211] Sein Erziehungskonzept sieht vor, die Kindheit so lange wie möglich auszudehnen. „Da Rousseau die Kindheit als eine glückliche Zeit denkt, weil sie die Konflikte zwischen Wünschen und Möglichkeiten, Innen und Außen, Indivi-

---

[207] Baader, Die romantische Idee… S. 37
[208] Baader S. 39
[209] vgl. Baader S. 39
[210] Snyders, Die große Wende S. 213
[211] Snyders, Die große Wende S. 215

duum und Gesellschaft nicht kennt, wird sie zu einer Zeit, auf die sich Sehnsüchte richten."[212]

Die Mutterschaft wird nicht mehr als lästige Pflicht empfunden, sondern als höchste Erfüllung im Leben einer Frau, auch weil ihre Wesensart durch ihre Naturnähe charakterisiert wurde. Die natürliche Mütterlichkeit ist es, die die Mutter des achtzehnten und neunzehnten Jahrhunderts zur „Pflege und Gemütsbildung" des Kindes befähigen soll.[213] Neu ist auch das Verantwortungsgefühl, das man gegenüber dem Kind empfindet. Es entsteht die moderne Familie, die sich durch das Bedürfnis nach Intimität und Identität auszeichnet.[214] Die gemeinsame Lebensweise, die durch den Wunsch nach Privatsphäre gekennzeichnet ist, das Verlassen der kollektiven, öffentlichen Lebensform verbindet die Familienmitglieder nicht nur räumlich, sondern auch gefühlsmäßig.

Irene Hardach-Pinke sieht die entstehende Elternliebe Ende des achtzehnten, Anfang des neunzehnten Jahrhunderts als eine Art „Lückenbüßer": In den Arbeiterschichten – als Folge der Industrialisierung – sowie im städtischen Bürgertum zog man keinen materiellen Nutzen mehr aus den Kindern. Tradition und Religion waren nun der Hauptgrund für den Wunsch nach Kindern, die Elternliebe ersetzt Arbeit und „Familieninteresse" als neue Grundlage für den Umgang mit Kindern.[215] Auf der einen Seite definiert Irene Hardach-Pinke Elternliebe als „*beständige* (Hervorhebung von der Autorin) Fürsorge für das Kind und die Freude an seinem Umgang", auf der anderen Seite ist sie

---

[212] Baader S. 43
[213] Hardach-Pinke, Zwischen Angst und Liebe S. 567
[214] Ariès S. 562
[215] Hardach-Pinke, Kinderalltag S. 151

sich darüber bewusst, dass Elternliebe durch die verschiedenen wirtschaftlichen und gesellschaftlichen Bedingungen einem ständigen Wandel unterworfen ist und sich nicht immer in Beständigkeit und Fürsorge äußern *kann.*[216] Erklärend fügt sie hinzu:

> „Die kindliche Erfahrung, von den Eltern geliebt oder nicht geliebt zu werden, ist kein direkter Reflex der Einstellungen und Verhaltensweisen der Eltern, sondern ist das Resultat einer Reihe von Erlebnissen, Beobachtungen, Vergleichen und Erfahrungen, die das Kind in einem bestimmten historischen und sozialen Kontext macht."[217]

3.3.2. Der Durchbruch nach der Wende?

Mit der Veröffentlichung von „Emile" im Jahr 1762 initiierte Jean-Jaques Rousseau eine neue Betrachtungsweise des Kindes, die das Denken und das Handeln der Mütter nachhaltig beeinflussen sollte. Badinter hebt jedoch in diesem Zusammenhang hervor, dass es sich um einen *Prozess* handelte, der die Verhaltensmuster der Mütter änderte und das Fortschreiten diese Prozesses von zwei Faktoren abhängig war: der wirtschaftlichen und der sozialen Situation der Frau.[218] „Die Frau des ausgehenden achtzehnten und vor allem die Frau des neunzehnten Jahrhunderts akzeptierte, je nachdem, ob sie reich, gut situiert oder arm war, mehr oder

---

[216] Hardach-Pinke S 152
[217] Hardach-Pinke S. 152
[218] Badinter S. 159

weniger rasch die Rolle der guten Mutter".[219] Badinter
selbst revidiert diese Einteilung nach den oben aufgeführten Kriterien an späterer Stelle, indem sie auch von reichen
Frauen berichtet, die trotz ihrer Privilegien *nicht* dem Rousseauschen Ideal entsprechen wollten.[220] Sie erweitert ihre
Kriterien und fügt hinzu, dass auch die *Ambitionen* der Mutter, egal ob reich oder arm, in ihr Rollenverhalten mit einspielen.[221] Im Folgenden wollen wir nach Bereichen suchen,
in denen Verbesserungen im Mutter-Kind-Verhältnis aufge-
treten sind, aber auch solche berücksichtigen, die keinen
positiven Wandel erfahren haben.

3.3.3. Die Ernährung

Der wichtigste Bereich, der von der neuen Mutterliebe pro-
fitierte, war die Ernährung des Säuglings: der Wille, das
eigene Kind selbst zu stillen. Zwar hat die Mehrheit der
Frauen der ländlichen Bevölkerung schon immer ihre Kinder selbst gestillt, waren aber auch meistens bereit, ein
fremdes Kind mit zu ernähren, so dass das eigene Kind oft
gesundheitliche Schäden davontrug. Dazu waren die Frauen
nun nicht mehr bereit. Außerdem wurde das fremde Kind
in der neuen, modernen Familie als Eindringling in die Privatsphäre empfunden.[222] Frauen höherer Gesellschaftsklas-
sen schickten ihre Kinder nun nicht mehr zu Säugammen,
sondern äußerten den Wunsch, *selbst* für die Ernährung des

---

[219] Badinter S. 159
[220] vgl. a.a.O., S. 181
[221] Badinter S.181
[222] Badinter S. 160

Kindes zu sorgen. Shorter unterstreicht, dass es nicht nur Rousseaus' Verdienst war, dass die Mütter wieder selbst stillten, sondern auch die hohe Sterblichkeitsrate unter den auf das Land verschickten Säuglinge sie praktisch dazu zwang. In dem französischen Dorf Saint-Malo z.B. grassierte eine Syphilisepidemie, die auch die Ammen befiel. Doch die „neuen Mütter" wollten kein Risiko eingehen und begannen, selbst für die Ernährung ihrer Kinder zu sorgen. „Es galt als moralisches Gebot und als Ausdruck einer neuen mütterlichen Zuwendung, die Kinder am Leben zu erhalten."[223] Shorter bezeichnet diesen Einstellungswandel als „eine *Revolution* (Hervorhebung von mir) der Mutterliebe".[224]

Die Mutter des neunzehnten Jahrhunderts sorgt nicht nur für das physische Wohl des Kindes, sondern auch für seine emotionale Gesundheit. Sie ist darauf bedacht, dass das Kind glücklich ist: sie bereitet das Weihnachtsfest vor, bastelt und singt mit ihren Kindern und liest ihnen Märchen vor.[225]

Eine kleine Einschränkung erfährt die neue Mutter-Kind-Ideologie jedoch: Im Bürgertum des neunzehnten Jahrhunderts gab es bald eine weitere wichtige Bezugsperson des Kindes, das Kindermädchen. Es war zwar schon im achtzehnten Jahrhundert üblich, dass Kindermädchen der Mutter bei der Bewältigung ihrer täglichen Aufgaben halfen, jedoch wurden sie eher nach Charakter und Wesen als nach ihren erzieherischen Fähigkeiten ausgewählt. Die Ausbildung des Kindermädchens wird im neunzehnten Jahrhundert zum wichtigsten Kriterium der Anstellung. Diese neue

---

[223] Badinter S. 161
[224] Shorter, Der Wandel … Beginn d. Moderne S. 266
[225] Irene Hardach-Pinke, Kinderalltag S. 162

Priorität zeugt von dem hohen Stellenwert, den die Erzieherin für das Kind einnimmt. In autobiographischen Quellen weisen die Verfasser/Innen immer wieder auf die auch emotionale Bindung dieser „zusätzlichen" Bezugsperson hin. Ernst von Leyden, Jahrgang 1832, berichtet:

> Sie hieß Anna Stankiewitz, war von Geburt eine Polin aus guter Familie, die aber verarmt war, wodurch sie gezwungen wurde, in Stellung zu gehen. Sie hat meine und meiner Schwestern Kindheit mit seltener Liebe und Hingebung behütet, mit unermüdlichem Fleiße für unser körperliches Wohl wie für unsere Erziehung gesorgt. Namentlich hatte sie, da ich in meinen ersten Kinderjahren sehr kränklich war, besonders ins Herz geschlossen, ja, sie verzog mich ein wenig und war immer bemüht, mich in Schutz zu nehmen und zu entschuldigen, selbst meiner Mutter gegenüber. Sie steht mir noch deutlich vor Augen: eine kleine zierliche Gestalt mit einer großen weißen Haube als Zeichen ihrer Würde um das frische, noch junge, freundliche Gesicht. In unserer Kinderstube übte sie eine fast unbegrenzte Herrschaft aus, waltete, schaffte und nähte für uns, ohne uns aus den Augen zu verlieren. Selbst wenn sie, wie es ihre Gewohnheit war, auf dem Tritt am Fenster sitzend, mit einer Handarbeit beschäftigt war, wobei sie, als meine jüngste Schwester Clarissa geboren wurde, mit einem Fuß die Wiege zu bewegen pflegte, bemerkte sie sofort, ob Irgendetwas Ungehöriges im Kinderzimmer geschah und ließ keine Unart ungerügt. Am meisten aber bewies sie ihre selbstlose Liebe für uns, als ich und meine Schwestern zu gleicher Zeit von den Masern befallen wurden.[226]

---

[226] Ernst von Leyden bei Hardach-Pinke Kinderalltag S. 168 und 169

Diese Beschreibung des Kindermädchens verdeutlicht sehr eindrucksvoll den Einfluss, den es auf die zu betreuenden Kinder ausgeübt hat. Sie hat quasi die Rolle der Mutter übernommen. Der Autor integriert Begriffe, die man mit der Mutterfigur assoziiert, wie „seltene Liebe", „selbstlose Liebe", „Hingebung", „unermüdlicher Fleiß " in seine Ausführungen; mütterliche Attribute, die üblicherweise negativ benetzt sind, wie „unbegrenzte Herrschaft ausüben", „keine Unart ungerügt lassen erscheinen hier Sorge und Anteilnahme erkennen zu lassen. Auch zeugt die Beschreibung von Respekt, dem der Autor durch seine Formulierungen Ausdruck verleiht: Er betont ausdrücklich, dass sie aus guter Familie kam und aufgrund der wirtschaftlichen Lage der Familie *gezwungen* war, die Stelle anzutreten.

3.3.4. Gesundheit und Hygiene

Die Aufgabe der Wickelpraktik gehört zu der folgenreichsten Erneuerung in der Verbesserung der Mutter-Kind-Beziehung. Durch die Befreiung des Säuglings von den die Motorik hemmenden Wickelbändern wird erst eine physische Annäherung zwischen Mutter und Kind ermöglicht, Zärtlichkeiten konnten jetzt ausgetauscht und gegenseitig erwidert werden. Die Mutter widmete ihr Leben dem Kind, sie stellt die Frau hinter die gute Mutter.[227] Sie sorgt sich um die Gesundheit ihres Kindes, ist auf bessere Hygiene bedacht, die sich nicht nur in Form von sauberen Windeln äußert. Sie selbst achtet auch auf ihre Gesundheit, vor allem

---

[227] Badinter S. 163

während der Schwangerschaft. Sie achtet auf eine gute Ernährung, nimmt, wie Rousseau es empfiehlt, Gemüse, Früchte und Milchprodukte zu sich und verzichtet der Gesundheit ihres zukünftigen Babys wegen auf ungesunde Speisen. Schriften empfehlen das tägliche Bad des Kindes und der Mutter, sowie uneingeschränkte Bewegungsfreiheit für den Säugling und das Kleinkind, was die Abschaffung der Gehhilfen und Gängelbänder zur Konsequenz hatte. „Die Befreiung des Kindes aus der Zwangsjacke bedeutet, dass der Mutter Zeit und damit Leben genommen wird. Doch die neue Rousseausche Mutter ist darüber, wie behauptet wird, umso glücklicher."[228]

Da die „neue" Mutter des wohlhabenden Bürgertums, denn dort traf man die meisten Frauen an, die dem Rousseauschen Mutter-Ideal nacheiferten, sehr um die Gesundheit ihres Kindes besorgt ist, konsultiert sie selbst bei kleinen Beschwerden den Arzt. Sie gibt sich nicht mehr mit aufklärender Lektüre zufrieden, sondern möchte direkt mit der „Autorität" in Dialog treten. Die Mutterliebe kennt keine Grenzen mehr: dadurch, dass sie soviel Zeit mit Pflege, Ernährung, und Beaufsichtigung mit ihren Kindern verbringt, entsteht ein inniges Mutter-Kind –Verhältnis. Nitschke und Martin warnen allerdings davor, die für das neunzehnte Jahrhundert typische „Freisetzung von Emotionalität" in der Mutter-Kind-Beziehung überzuinterpretieren.

> „Auf diesem Hintergrund früheren Zeiten und Kulturen die Mutterliebe abzusprechen, heißt Kriterien, die sich erst in den letzten zweihundert Jahren in Europa gebildet haben und die zudem noch schwer konkret zu fassen sind, zum

---

[228] Badinter S. 165

Die Mutter aus der Mittelschicht zog einen weiteren Profit aus ihrer neuen Rolle: der verbesserte Status, den sie in der Familie und der Gesellschaft erlangte, eine nicht zu unterschätzende, motivierende Komponente ihrer neuen Erfüllung. Man spricht nun von der „Berufung als Mutter" oder dem „Opfer der Mutter", und es kommt immer öfter vor, dass die Mutter mit einer Heiligen gleichgesetzt wird.[230]

Trotzdem ist im neunzehnten Jahrhundert die Praxis, die Kinder zu Ammen aufs Land zu schicken oder sie sich ins Haus kommen zu lassen immer noch weit verbreitet, da natürlich nicht alle Mütter, auch nicht in den privilegierten Schichten, dem neuen Ideal entsprachen oder entsprechen wollten. Viele Frauen zogen es weiterhin vor, gesellschaftlichen „Pflichten" nachzugehen.

Auch die Mutter aus der Unterschicht, die Arbeiterin, die Bäuerin musste weiter Mittel und Wege finden, ihre zahlreichen, im Durchschnitt oft sieben Kinder unterzubringen, während sie ihren umfangreichen Pflichten nachzugehen hatte. Entweder gab sie ihre Kinder in Pflege, um auf dem Feld mitarbeiten zu können, oder sie arbeitete selbst als Pflegemutter in der Stadt, um ein zusätzliches Einkommen gewährleisten zu können.
Hinzu kamen die schlechten Wohnverhältnisse – oft wohnten drei Generationen in einem Raum. Rudolf Virchow berichtet über die Wohnverhältnisse der Armen in Oberschlesien:

---

[229] Jochen Martin, August Nitschke in Sozialgeschichte der Kindheit S. 21
[230] Badinter S. 178

Was zunächst die Wohnungen anbetrifft, so sind
diese auf dem Lande und den Vorstädten über-
all dem niedrigen Kulturzustande des Volkes
entsprechend. Es sind ohne Ausnahme Block-
häuser; die Wände aus über einander gelegten
Balken, die innen und zuweilen außen mit Lehm
bestrichen sind, die Dächer aus Stroh gemacht...die Fenster sind meist klein und nur
zum geringsten Teil zum Eröffnen eingerichtet.
..meist umfasst das Haus gleichzeitig Wohnung,
Stall und Vorratsräume...Den besten Platz des
übrig bleibenden Raums pflegt, wo der
Wohlstand noch so groß ist, eine Kuh oder eine
Kuh mit einem Kalbe einzunehmen...Die letzte-
ren (Bettstellen) genügen indes fast nie für das
Bedürfnis der Einwohner, deren Zahl für solche
Wohnungen 6,8,10-14 zu betragen pflegt; die
übrigen schlafen auf dem Ofen...oder auf Stroh
an der Erde... Die Ausdünstungen so vieler Menschen und des Viehs...erzeugen jedem, der daran nicht gewohnt ist, in kürzester Zeit Kopf-
weh...die große Überfüllung der Wohnungen mit
Menschen haben aber in den letzten Jahren
sehr zugenommen...[231]

Badinter sieht hier einen Grund für das schwach ausgeprägte Mutter-Kind-Verhältnis in der Unterschicht des achtzehnten und neunzehnten Jahrhunderts: „Diese körperliche
Enge ist ohne Zweifel innigen und zärtlichen Beziehungen
wenig förderlich. Mit allen möglichen Aufgaben überhäuft,
hat die Mutter keine Zeit, ihre Nachkommenschaft zu be-
aufsichtigen oder gar mit ihr zu spielen. Das Kind bleibt
eine schwere Belastung, der sie sich häufig gern entledigt,
indem sie es zu einer Amme gibt oder später, wenn es größer ist, draußen spielen lässt".[232]

---

[231] Gottschalch, Vatermutterkind S. 34
[232] Badinter S. 179

Leider nahm eine weitere Form der Kindesentledigung in der zweiten Hälfte des achtzehnten sowie in der ersten Hälfte des neunzehnten Jahrhunderts im starken Maß weiter zu: Die Kindesaussetzung. Durch die so genannte „Krippe", einem Drehkasten, der sich vor Findelhäusern in Frankreich befand, war es der Mutter möglich, ihr Kind anonym auszusetzen.[233] Obwohl die Sterblichkeit bei Heimkindern sehr viel höher lag als bei Kindern, die in ihren Familien aufwuchsen (bei gleicher Ernährung und gleichen hygienischen Verhältnissen) beinhaltete diese Form der Weggabe wenigstens eine kleine Überlebenschance.[234] Trotzdem liegt die Gesamtsterblichkeit der Kinder unter einem Jahr in der ersten Hälfte des neunzehnten Jahrhunderts bei über sechzehn Prozent.

Irene Hardach-Pinke stellt in ihren Untersuchungen fest, dass die Säuglings- und Kindersterblichkeit im neunzehnten Jahrhundert stark schichtspezifisch ist und von „den hygienischen Verhältnissen in der Familie bestimmt werden, die vom Einkommens- und Bildungsniveau der Eltern abhängen."[235]

In Amerika war es zur gleichen Zeit nicht üblich, Kinder dort auszusetzen, wo man sie am besten finden konnte um somit ein Überleben zu gewährleisten.[236] War dort eine größere Gleichgültigkeit anzutreffen, sofern diese überhaupt messbar ist, denn sind die Konsequenzen von Gleichgültigkeit nicht immer verheerend?

---

[233] Badinter S. 180
[234] Shorter der Wandel S. 277
[235] Irene Hardach-Pinke/Gerd Herdach Deutsche Kindheiten S. 42
[236] John F. Walzer in Hört ihr die Kinder weinen? S. 490

Neben der oben aufgeführten Form der Ablehnung erfährt das amerikanische Kind aber auch Liebe: „Die Belege deuten darauf hin, dass die amerikanische Mutter des achtzehnten Jahrhunderts in einer engeren und *beständigeren* (Hervorhebung von mir) Beziehung zu ihren Kindern stand und sich häufiger und intensiver mit ihnen beschäftigte als die Mütter in Europa."[237] Tatsächlich wird das Zusammenleben von Mutter und Kind „zum Merkmal der Unterscheidung zwischen guten und schlechten Müttern".[238]

Irene Hardach-Pinke definiert die Rolle des Kindes in den letzten zwei Jahrhunderten folgendermaßen:

> „Es wird als oberstes Interesse eines Kindes angesehen, der Liebe seiner leiblichen Eltern bzw. seiner leiblichen Mutter teilhaftig zu werden, und aus diesem Grund kann es einem Kind auch zugemutet werden, unter Umständen bei misshandelnden Eltern aufzuwachsen. Im neunzehnten Jahrhundert wurde es dagegen eher als oberstes Interesse eines Kindes angesehen, unter günstigen materiellen und intellektuellen Bedingungen aufzuwachsen. Die Eltern- bzw. Mutterliebe des neunzehnten Jahrhunderts entsagte zugunsten von besseren Lebens- und Bildungsbedingungen des Kindes, ob das Kind wollte oder nicht, während die Mutterliebe des zwanzigsten Jahrhunderts um den Besitz des Kindes kämpft, ohne nach dessen Willen zu fragen."[239]

Sicher waren ökonomische und pädagogische Gründe nicht immer dafür verantwortlich, das Kind wegzugeben. Kämpft die Mutterliebe um den Besitz des Kindes oder die Liebe

---

[237] Walzer in Hört ihr die Kinder weinen S. 500
[238] Badinter S. 184
[239] Irene Hardach-Pinke Kinderalltag S. 190

des Kindes um den Besitz der Mutter in der heutigen Gesellschaft, in der die Selbstverwirklichung der Frau im Vordergrund steht? Nach dem Willen des Kindes wurde und wird fast nie gefragt.

Wenn auch nicht alle Mütter das neue Idealbild verkörperten, so blieb dessen Propagandierung nicht ohne Konsequenzen: Wollten oder konnten sie nicht als liebende, fürsorgliche Mutter fungieren, fühlten sie sich jetzt schuldig. Dieses neue Verantwortungsgefühl bezeichnet Badinter als „einen ganz wichtigen Sieg."[240]

Sicher ist Badinters Betrachtungsweise zu pauschalisiert, denn es war nicht so, dass sich nach der großen Wende die Mütter in zwei Parteien spalteten: die neuen Idealmütter und die nachlässigen Mütter, die von Schuldkomplexen gepeinigt wurden. Denn immer noch waren es die Aristokratinnen, die sich vom neuen Idealbild der Mutter distanzierten. Auch die adeligen Frauen sahen ihre gesellschaftliche Stellung gefährdet, wenn sie sich den Mutterpflichten hingegeben hätten. Nur die bürgerliche Frau entsprach jetzt dem neuen Idealbild der Mutter und Hausfrau, um, wie Badinter mutmaßt, ihre geringe gesellschaftliche Position zu kompensieren. Als Konsequenz ihrer Bemühungen gewann sie an Bedeutung in der bürgerlichen Gesellschaft, da sie nun auch als Pädagogin ihrer Kinder fungierte.

Im Verlauf des neunzehnten Jahrhunderts stießen zwei gegensätzliche Auffassungen von Kindern und Erziehung aufeinander:

> „...auf der einen Seite die, die Kinder liebten, auf
> der anderen jene, die sie nicht liebten...auf der

---

[240] Badinter S. 188

einen Seite die, die für eine sanfte Erziehung
eintraten, auf der anderen jene, die der Über-
zeugung waren, Schmerz sei für Kinder gut; auf
der einen Seite das Zeitalter der Aufklärung, auf
der anderen puritanische Ethik".[241]

Im Zeitalter der Industrialisierung gewann die Erziehung
des Kindes immer mehr an Bedeutung, Ausbildung und
Wissen bildeten die Grundlage der industriellen Gesellschaft. Auch das körperliche Wohl des Kindes rückte immer mehr in den Vordergrund. Medizinische Versorgung,
kindgerechte Ernährung sowie ausreichende Hygiene si-
cherten das Wohlbefinden des Kindes. Dabei wurden Aspekte wie Spiel und Spontaneität des Kindes wenig berücksichtigt. Leistung, Perfektion und Gehorsam
kennzeichneten den Alltag des Kindes. Die Beaufsichtigung
des Kindes beansprucht die Mutter in vollem Maße. „Die
Mutterliebe besteht für die Frau nicht nur darin, ihr Kind
zu stillen, sie besteht vor allem darin, es gut zu erziehen.
Die eigentliche Erziehung muss die Mutter ihm geben." [242]

Es kommt zu einer Polarisierung der Geschlechterrollen.
Der Vater, ehemals Patriarch und verantwortlich für die
Erziehung der Kinder, agiert immer mehr in der Öffent-
lichkeit, während die Frau ihren Pflichten im häuslichen
Bereich nachkommt. Ihr Lebensglück bestand darin, ihrem
Mann zu dienen und die Kinder zu gesellschaftstüchtigen
Menschen heranzuziehen: Hingabe als wesentlicher Be-
standteil der weiblichen Natur und die „sicherste Quelle
ihres Glücks". [243]

---

[241] deMause S. 587
[242] Badinter S. 204
[243] Badinter S. 212

„Wenn eine Frau sich nicht zum Altruismus be-
rufen fühlte, nahm man die Moral zu Hilfe, die
von ihr verlangte, dass sie sich opferte. Dieser
missliche Tatbestand muss verbreiteter gewesen
sein als man zuzugeben bereit war, denn gegen
Ende des neunzehnten und zu Beginn des zwanzigsten Jahrhunderts sprach man von der Mutterschaft nur noch im Sinne von Leiden und Opfer, unterließ es aber – Fehlleistung oder
bewusstes Vergessen - , jenes Glück zu versprechen, das natürlicherweise daraus hätte erwachsen müssen."[244]

Einige Jahrzehnte nach der Jahrhundertwende kam es zu
einer Veränderung im erzieherischen Bereich: Die kindliche
Persönlichkeit wurde respektiert und berücksichtigt, den
kindlichen Willen galt es nicht mehr zu unterwerfen. Der
Modi der Sozialisation, wie deMause ihn bezeichnet, bricht
an. Die Psyche des Kindes erfährt nun besondere Aufmerksamkeit, denn man wurde sich darüber im Klaren, dass
das physische Wohl des Kindes alleine nicht ausreicht, um
einen glücklichen Menschen heranzuziehen.

---

[244] Badinter S. 212

IV. Kindheit heute

4.1 Allgemeiner Überblick

In deMause's Periodisierungsschema wird die sechste Form der Eltern-Kind-Beziehung (ab Mitte des zwanzigsten Jahrhunderts) als Form der „Unterstützung" bezeichnet - „Unterstützung" als zeitgenössische Form der Kindererziehung.

> „Die Beziehungsform der Unterstützung beruht auf der Auffassung, dass das Kind besser als seine Eltern weiß, was es in jedem Stadium seines Lebens braucht. Sie bezieht beide Eltern in das Leben des Kindes ein; die Eltern versuchen, sich in die sich erweiternden und besonderen Bedürfnisse des Kindes einzufühlen und sie zu erfüllen. Bei dieser Beziehungsform fehlt jeglicher Versuch der Disziplinierung oder der Formung von „Gewohnheiten". Die Kinder werden weder geschlagen noch gescholten, und man entschuldigt sich bei ihnen, wenn sie einmal unter Stress angeschrieen werden..."[245]

An dieser Betrachtungsweise ist erneut der Aspekt der „eingefrorenen Umwelt" [246]zu kritisieren, der die sich verändernde Gesellschaft sowie die einhergehenden gravieren-

---

[245] deMause S. 84
[246] Nyssen in Psychogenetische Geschichte der Kindheit: "Psychogenetische Geschichte der Kindheit" und "historische Demographie": eine gegenseitige Ergänzung? S. 185

den Veränderungen der Umweltfaktoren völlig außer Acht lässt. In einer Zeit, in der materielle Werte über familiäre Werte gesetzt werden, in der der Konsum und Computer den Alltag der Kinder bestimmen, bleibt meistens nicht viel Zeit „sich in die besonderen Bedürfnisse der Kinder einzufühlen", geschweige denn sie zu erfüllen. Die heutige Konkurrenzgesellschaft fordert die gesamte Energie der Erwachsenen im beruflichen Bereich; Der erwerbstätige Elternteil bzw. beide Elternteile sind abends erschöpft und fühlen sich den Belastungen des Alltags nicht mehr gewachsen. Nicht selten sind Gereiztheit und Aggressionen die Folge, das Kind bzw. die Kinder immer die Leidtragenden. „Warum haben wir unsere Kinder nicht nur verlassen, sondern bereiten aktiv ihr Verschwinden vor?"[247]

Das Kinder in der Beziehungsform der Unterstützung „weder geschlagen noch gescholten werden", entspricht natürlich einem Wunschdenken und ist leider weit von der Realität des zwanzigsten Jahrhunderts entfernt, wie das Kapitel „Kindesmisshandlungen heute" zeigen wird.

4.2 Die Vergiftung der Kindheit und ihre Konsequenzen

Der Kinderpsychiater und Psychotherapeut Horst Petri sieht genau in den Aspekten, die deMause außer Acht lässt, nämlich in den veränderten Umweltbedingungen sowie in den gesellschaftlichen Modifikationen den Tragödienstoff

---

[247] Petri Lieblose Zeiten S. 46

für die *neuzeitliche* Mutter-Kind-Beziehung, in der die Mutterliebe durch Fremdheits- und Entfremdungserfahrungen verdrängt wird. [248] Diese resultieren aus Identitätsbrüchen im Mutterbild, Rollendiffusionen sowie Ambivalenzkonflikten, die wiederum aus zerfallenden Familienstrukturen und der andauernden Vergiftung und somit Zerstörung der Umwelt entstehen. Horst Petri bezeichnet die heutige Kindheit als eine „vergiftete Kindheit".[249]

> „Bei jedem Kind ist sein Entwurf für das spätere Leben bereits in entscheidenden Punkten vorgezeichnet, so wie in jedem Erwachsenen seine Kindheit unverwechselbar verborgen liegt. Über Kindheit zu sprechen, schließt daher immer den Blick auf die Gesamtbiographie ein, wie das Sprechen über das Erwachsenenalter nicht ohne Berücksichtigung der Kindheitsphase möglich ist. So bilden Kindheit und Erwachsenenalter ein Kontinuum, **das es besonders auf dem Hintergrund historischer und gesellschaftlicher Einflüsse als Einheit zu begreifen gilt** *(Hervorhebung durch die Autorin).*"[250]

Wie sieht die Mutter-Kind Beziehung in dieser „vergifteten Kindheit" aus?

In der Vorgeburtsphase muss die werdende Mutter heute viele Teilrollen erfüllen: Berufstätige Person, Hausfrau, Ehefrau, Mutter und Schwangere. Da die Zahl nichtehelich geborener Kinder kontinuierlich zunimmt, sind Frauen psychisch und materiell überbelastet. Der gesellschaftliche Druck und die Wandlung des Frauenbildes zwingen die Frauen in eine Rollendiffusion, die eine Entfremdung der Frau von ihren Mutterwünschen zur Folge hat. Die daraus

---

[248] Horst Petri Lieblose Zeiten
[249] Petri S. 76
[250] Horst Petri Lieblose Zeiten S. 13

resultierenden Identitätsbrüche im Mutterbild führen dazu, dass viele Frauen in der Schwangerschaft ein entfremdetes Erlebnis sehen. Hierbei wandelt sich das eigene Kind von etwas Eigenem zu etwas Fremden. Die Konsequenz ist, dass die psychosomatische Einheit von Mutter und Kind schon in utero belastet wird. Das Kind kann die mütterliche Aggression bereits vor der Geburt als fremd erleben. Mit der Geburt findet eine erste Konfrontation mit der äußeren Realität statt, eine so genannte Urerfahrung der Fremdheit. Die Angst vor dem Fremden beginnt pränatal, spätestens aber mit der Trennung bei der Geburt. Es kommt zu weiteren Einbrüchen im mütterlichen Selbstbild, da sie dem Kind ab ovo eine vergiftete Gebärmutter, nach der Geburt eine vergiftete Brust und später vergiftete Nahrung geben muss. Diese Spaltung führt zur Selbst-Entfremdung und zur Entfremdung zum eigenen Kind. Als Konsequenz muss das Kind auf die Erfüllung elementarer Bedürfnisse verzichten, die Petri als Voraussetzung für die Integration des Fremden sieht. Die Mutter wiederum ist durch Scham, Schuldabwehr und kompensatorische Wiedergutmachungswünsche gekennzeichnet: dies hat Überbehütung, Bindung und Verwöhnung zur Folge.

Die Gefühle des Kindes zur Mutter sind ambivalent, die destruktiven Anteile werden übermächtig, als Fremdes abgespalten und verdrängt, da sie nicht integriert werden können.

In der heutigen Zeit, in der Fortschritt als „Segen" empfunden wird und höher gestellt wird als das mitproduzierte Leid (radioaktive Niedrigstrahlung, radioaktive Emissionen von Atomkraftwerken sowie das Megatonnenweise produzierte Arsenal giftiger, chemischer Substanzen, die über den Kreislauf von Luft, Boden und Wasser in die Nahrungskette eingeschleust werden), gerät das Regressionsphänomen des Fortschritts, nämlich die Vergiftung, schnell in die Vergessenheit.[251]

> „So kennt die Geschichte zahlreiche Beispiele für den direkten Zusammenhang von magischen Kindesopfer und zivilisatorischem Fortschritt. „Häufig wurden Kinder auch in Mauern, Gebäudefundamenten oder Brücken eingemauert...", schreibt deMause (1977, S. 49), seine Begründung"...um den Bauwerken einen größeren Halt zu verleihen" nennt nicht ausdrücklich den tieferen Grund: die Versöhnung der Götter ob des prometheischen Frevels. In Bali munkelt man, dass noch heute im Zusammenhang mit der Errichtung neuer Technologien solche Kindesopfer gebracht werden. Und dass wir genügend Angst vor unserer Hybris haben und eine große Opferbereitschaft besitzen müssten, könnte zu der schockierenden Überlegung führen, ob die globale Vergiftung unserer Kinder ein gigantisches Opferzeremoniell darstellt, in dem die menschliche Gesellschaft, an die Grenze ihrer Entwicklung geraten und erbleichend vor ihrem eigenen Größenwahn, sich selbst zum Opfer bringt."[252]

Petri bezeichnet die Vergiftung als eine qualitativ neuartige und tiefer reichende Dimension der Bedrohung der menschlichen Existenz als alle anderen Gefahren.
Welche Konsequenzen entstehen für die Mutter-Kind-Beziehung? Petri ist der Meinung, dass die Auswirkungen der schleichenden Vergiftung bei der Mutter zu einem unerträglichen Konflikt führen, der wiederum zu Spaltungsprozessen führt, in die das Kind unmittelbar miteinbezogen ist. Die Gefühle der Mutter sind von Angst, Schuld – und Versagensgefühlen gekennzeichnet. Die Erfüllung der pri-

---

[251] vgl. Petri Lieblose Zeiten
[252] Petri S. 55

mären Bedürfnisse, wie Mutterliebe, Anwesenheit, Empathie, „basic mothering" und „holding" können nicht mehr gewährleistet werden.[253] Nach Boszormenyi-Naagy und Spark gerät das Loyalitätssystem in der Familie ins Wanken, da das elementarste Grundrecht, nämlich das auf gesunde Ernährung, durch die schleichende Vergiftung verletzt wird. Diese Verletzung geschieht in der Familie. „…die Umweltsituation führt somit zu einer völlig neuartigen Beziehung der Generationen, weil kindliche Zukunftshoffnungen zerstört werden und sich der familiäre Konsens über die Kontinuität menschlicher Geschichte aufzulösen droht."[254]

Petri sieht die atomare Bedrohung als den Hauptverursacher für die Auflösung des familiären Konsens und wagt sogar, sie mit den schrecklichen Misshandlungen zu vergleichen, die Kindern in der Vergangenheit widerfahren sind, mit folgendem Ergebnis:

> „Wenn man das unaufhaltsam anwachsende destruktive Potential realisiert, das erbarmungslos gegen die Kinder eingesetzt wird… treten alle historischen Vergleiche zurück (Hervorhebung von mir); das Kind as Blutopfer für die Götter, der gezielte Kindermord und die Aussetzung als legale gesellschaftliche Mittel der Geburtenkontrolle, die Kinderkreuzzüge…immer waren und sind es begrenzte Ereignisse, ob als Ritus oder Exzess, die die Fundamente der Hoffnung und des Glaubens an ein Fortbestehen der menschlichen Geschichte **nicht** in Frage stellten (Hervorhebung von mir). Dieses Gemeinsame verband die Generationen. Das historisch völlig Neuartige – dieser Zeitpunkt datiert für mich

---

[253] vgl. Petri S. 64
[254] Petri S. 64

seit Hiroshima – besteht darin, dass dieser Konsens nicht mehr besteht."[255]

Diese Aussage beinhaltet einen wesentlichen Aspekt der
heutigen Kindheit: die atomare Bedrohung, die Aussichts-
losigkeit der Situation – Zukunftsängste verbunden mit
Resignation und Hoffnungslosigkeit.

4.3. Kindesmisshandlung heute – Fakten und Zahlen

„Die Geschichte der Kindheit ist auch heute noch
für viele Menschen eine Geschichte des Leids.
Sexueller Missbrauch, körperliche Strafen, Psy-
choterror und Vernachlässigung sind auch heute
noch für viele Kinder traurige Realität – und waren es im Rückblick auch für zahlreiche Erwachsene."[256]

Kinder werden in eine Welt hineingeboren, die sie sich
nicht aussuchen können – obwohl die Bedingungen in den
westlichen Wohlstandsländern noch nie so gut waren wie in
den letzten Jahrzehnten, obwohl man sich nie zuvor so
viele Gedanken bezüglich des Wohlergehens der Kinder
gemacht hat, nie zuvor das Wissen um die Bedürfnisse des
Kindes größer gewesen ist – müssen Kinder auch heute viel
Leid ertragen. Sicher wird die von deMause im Laufe der
Geschichte der Kindheit postulierte Zunahme von Empa-

---

[255] Petri S. 44
[256] Nuber, Ursula. Der Mythos vom frühen Trauma. Über Macht und
Einfluss der Kindheit S.13

thie Eltern ihren Kindern gegenüber ihre positiven Spuren hinterlassen, jedoch bedrohen neben Kindesmisshandlungen „moderne" Gefahren die Kinder und die Menschheit allgemein, wie die z.B. im vorigen Kapitel beschriebene bedrohte Zukunft der Kinder durch Vergiftung.

Leider sind Misshandlungen von Kindern durch die „Evolution der Kindheit" nicht zu einem peripheren Problem geworden. Zwar haben empfängnisverhütende Mittel die Kindestötung als Mittel der Geburtenkontrolle „überflüssig" gemacht, auch braucht sich die heutige ledige Mutter durch die soziale und finanzielle Absicherung sowie der gelockerten gesellschaftlichen Normen nicht mehr ihres Neugeborenen zu entledigen, trotzdem nahm die Zahl der Kindesmisshandlungen in den letzen Jahrzehnten rapide zu.

Kinder werden auch heute auf unterschiedliche Art misshandelt. „Fügt ein Elternteil seinem Kind bewusst Verletzungen zu, ist demzufolge von „Misshandlung" die Rede. Die Beeinträchtigung des Wohlergehens eines Kindes aufgrund der fehlenden Bereitschaft seiner Eltern, angemessen Sorge zu tragen, wird als „Vernachlässigung" bezeichnet".[257]

Die Wissenschaftler unterscheiden somit zwischen *maltreatment* und *abuse*. Diese Differenzierung schließt aber eine Überschneidung der beiden Bereiche nicht aus. Eine weitere Klassifikation ist die einmalige, die intermittierende (keine bewusste Absicht) und die konstante (überlegte, intentionale Handlung) Misshandlung.

---

[257] Amelang/Krüger Misshandlung von Kindern. Gewalt in einem sensiblen Bereich. S. 9

Die Vernachlässigung des Kindes, wie so oft in der Geschichte der Kindheit vorgekommen, kann sich auf physischer und auf psychischer Ebene abspielen. Während letztere von Gleichgültigkeit, Vergessen und emotionaler Unnahbarkeit geprägt ist, kennzeichnet sich die physische Vernachlässigung durch unzureichende Hygiene, mangelhafte Ernährung und schlechte Pflege des Kindes aus.[258] Beide Phänomene traten nicht nur im Mittelalter auf, sondern sind trauriger Bestandteil der Kindheit der Gegenwart.

„Die Misshandlungen sind mannigfaltig. Insbesondere kommen „einfache" Gewalt, körperliche Gewalt mit Werkzeugen, körperliche Gewalt durch Hitze oder Kälte, Würgen oder Drosseln des Kindes sowie Verhungern lassen in Betracht", so resümiert Wolfgang Meurer in seiner Dissertation über die Probleme des Tatbestandes der Misshandlung Schutzbefohlener die Situation.[259]

Die o.a. Misshandlungen unterscheiden sich kaum von den Misshandlungen, die den Kindern in der Vergangenheit widerfahren sind. Auch heute gibt es Mütter, die ihre Kinder qualvoll leiden lassen, ja sogar tatenlos zusehen, wie sie verhungern. Und es ist bewiesen, dass es sich bei solchen Müttern nicht nur um Frauen der unteren Klassen handelt. Diese sind nur statistisch leichter zu erfassen, da die Dunkelziffer unter den Tätern mit höherem Bildungsniveau höher ist. Hinzu kommt das soziale Ansehen der potentiellen Täter, das Außenstehende leicht dazu verleitet, Assoziationen mit Kindesmisshandlung zu verdrängen. Erschreckend ist die von Meurer postulierte Tatsache, dass „der

---

[258] vgl. Amelang Krüger S. 20
[259] Wolfgang Meurer, S. 111

geistig über dem Durchschnitt liegende Täter überwiegend seelisch quälen wird."[260]

Laut Statistik ist die Zahl der Kindesmisshandlugen in der Bundesrepublik Deutschland in den Jahren von 1983 bis 1991 von 1350 registrierten Fällen auf 1571 Fälle gestiegen, die Dunkelziffer ist hoch. Der sexuelle Missbrauch von Kindern ist im gleichen Zeitraum von 10.939 Fällen auf 14.554 Fälle gestiegen. Die Verletzung der Fürsorge und der Erziehungspflicht ist von 834 Fällen auf 888 gestiegen. Diese Zahlen stehen für polizeilich erfasste Fälle.

Kinder bis zu sieben Jahren bilden mit ca. 70% die größte Opfergruppe. Die Hälfte davon ist unter zwei Jahre alt. Wie auch in der „Geschichte der Kindheit", so sind auch heute Stiefkinder, voreheliche und uneheliche am stärksten von Misshandlung und Vernachlässigung betroffen.[261]

Ein erschreckendes, aktuelles Beispiel hierfür ist der Fall eines Elternpaares aus Stuttgart, das sein Pflegekind 1997 qualvoll verhungern ließ, während es seinen eigenen Kindern an nichts fehlen ließ. „Sie hatten Zimmer mit Teppichboden, Computer und Musikanlagen, ein Pferd, ein Pony, Hund und Katze. Sie bekamen Pizza, Nutella, Obst und alles, was Kinder mögen und brauchen." [262] Der fünfjährige Alexander, das Pflegekind war, als es von der Polizei tot aufgefunden wurde, „ein welkes, extrem vergreistes Knochenbündel mit tief eingesunkenen Augen, gerade noch 7,2 Kilo schwer. Das wiegen gesunde Kinder in einem

---

[260] Meurer S. 113
[261] vgl. Meurer S. 111
[262] Friedrichsen, Gisela. "Das ewige Weinen und Jammern" in: Der Spiegel. Hamburg Nr. 18 vom 3.5.99, S.62

Alter von etwa einem halben Jahr."[263] Die Autorin fügt hinzu: „ Man möchte nicht wahrhaben, dass Menschen so umgehen können mit Kindern. Man bringt diesen Gedanken nicht übers Herz. Man ringt mit sich um eine Erklärung, die zugänglich macht, wie so etwas geschehen kann."[264] Das Elternpaar mit seinen Kindern galt als eine „Musterfamilie", die Mutter ausgebildete Kinderpflegerin(!), der Vater Sozialpädagoge(!).

Alice Miller sieht die heutigen Kindesmisshandlungen als das Ergebnis „einer verhängnisvollen Ereigniskette", wenn „perverse Mütter" ihre Kinder in ihrer frühen Kindheit vergewaltigten (durch offene sexuelle Praktiken oder durch Einläufe) …genau wie ihre Großeltern und Millionen von Ausbeutern von Kindern in früheren Generationen, deren Produkt diese Vergewaltiger sind…Damit das Jahrtausendealte Verbrechen der Kindesmisshandlung nicht länger sein Unwesen treiben kann unter verharmlosenden Etiketten wie: Tradition, Normalität, Erziehung „zu deinem Besten".[265]

Sie fordert die Bereitschaft zur Aufgabe der Verdrängung, den Zugang zur „ganzen Wahrheit" um somit den Teufelskreis des Wiederholungszwanges zu durchbrechen.

DeMause spricht in diesem Zusammenhang von der psychogenetisch bedingten „zweiten Angstbearbeitung", der sich die Mutter stellen muss wenn sie ihr Kind lieben „will", die es ihr durch die Bewältigung der Vergangenheit ermöglicht, dem Wiederholungszwang entgegenzuwirken.

---

[263] a.a.O.
[264] a.a.O.
[265] Miller, Alice, Abbruch der Schweigemauer S. 15

Schlussbetrachtung

„Je weiter man in die Geschichte der Kindheit zurückgeht, desto unzureichender wird die Pflege der Kinder, die Fürsorge für sie und desto größer wird die Wahrscheinlichkeit, dass Kinder getötet, ausgesetzt, geschlagen, gequält und sexuell missbraucht wurden ."[266]

Diese Aussage deMause's, schon eingangs dieser Arbeit aufgeführt, muss an dieser Stelle noch einmal in Erinnerung gerufen werden, um sich ihrer Tragweite bewusst zu werden und sie vielleicht anschließend neu zu überdenken.

Die Geschichte der Kindheit ist sicher eine Geschichte des Einstellungswandels der Eltern gegenüber ihren Kindern, aber keine Geschichte der Läuterung der Mütter. Schon immer war die Mutter-Kind-Beziehung von einer Divergenz zwischen Aversion und Mutterliebe gekennzeichnet. Wie die in der Arbeit aufgeführten Beispiele zeigten, gab es Mutterliebe, das spontane Eingehen auf kindliche Bedürfnisse, die ständige Zuwendung und Fürsorge wie Irene Hardach-Pinke dieses „Gefühl" definiert, im Mittelalter und es gibt sie auch heute, genau wie es damals und heute Misshandlungen von Kindern gibt. [267]

---

[266] deMause S. 12
[267] Irene Hardach-Pinke Kinderalltag S.153

Mutterliebe ist keine „Errungenschaft der Moderne"[268], sondern ein „Test der Opferbereitschaft"[269], den nicht alle Mütter, sei es nun in den vorigen Jahrhunderten oder in der heutigen Zeit, bereit sind sich zu unterziehen. Er erfordert wirtschaftliche und persönliche Opfer, das Zurückstellen der eigenen Interessen zugunsten der Interessen des Kindes.

Die von Badinter postulierte Wende in der Mutter-Kind-Beziehung durch die „Mutterliebe" ist als eine „Revolution der Einstellung" zu verstehen, nicht als ein plötzlich aus dem Nichts entstehendes Gefühl.[270] Die demonstrative Zuneigung zum Kind wurde nicht mehr belächelt, sondern erfuhr eine gesellschaftliche Aufwertung.

Die angeborenen Verhaltensmuster auf der biologischen Ebene sichern durch die Bindung der Mutter an das Kind zwar im Normalfall „instinktiv" dessen Überleben, sind jedoch kein Garant für die „Mutterliebe". Diese kann im schlimmsten Fall gänzlich ausbleiben, spontan eintreten oder erst mit der Zeit erwachsen.

Der psychogenetische Ansatz der „Geschichte der Kindheit" spricht von einer „Evolution" der Kindheit – einer Eltern-Kind-Beziehung, die sich im Laufe der Jahrhunderte tendenziell verbessert hat. Verfügt die Mutter – gemäß dieser Theorie – über ausreichende psychische Reife sowie eine gesunde Einstellung zur Mutterschaft, wie Sluckin sie beschreibt, so sind essentielle Voraussetzungen für die „Mutterliebe" geschaffen, derer alle Kinder so dringend bedürfen, damals wie heute.

---

[268] Irene Hardach-Pinke Zwischen Angst und Liebe S. 549
[269] Badinter S. 44
[270] Badinter S. 113

Literaturverzeichnis

Amelang, Manfred, Krüger, Claudia: Misshandlung von Kindern. Gewalt in einem sensiblen Bereich. Darmstadt, 1995.

Ariès, Philippe. Geschichte der Kindheit. München 1975.

Arnold, Klaus. Kind und Gesellschaft im Mittelalter und Renaissance. Paderborn u.a. 1980.

Arnold, Klaus. Kindheit im europäischen Mittelalter. In: J. Martin, A. Nitschke (Hrsg.): Zur Sozialgeschichte der Kindheit, Freiburg, Jahr?

Baader, Meike Sophia: Die romantische Idee des Kindes und der Kindheit. Neuwied. 1996.
Badinter, Elisabeth. Die Mutterliebe. Geschichte eines Gefühls vom 17. Jahrhundert bis heute. München 1981.

Bowlby, John. Mutterliebe und kindliche Entwicklung. München 1995.

Büttner, Christian / Ende, Aurel (Hrsg.): Gefördert und miss handelt Kinderleben zwischen 1740 und heute. Jahrbuch der Kindheit. Band 4. Weinheim 1987.

Cunnington, Phillis, Lucas, Catherine: Costume for Births, Marriages and Deaths. London 1972

Frenken, Ralph. Aspekte der Geschichte der Kindheit anhand historischer Autobiographien. In: Nyssen, Friedhelm, Janus,

Friedrichsen, Gisela. „Das ewige Weinen und Jammern". In:
Der Spiegel Nr.18 vom 3.5.99, S. 62

Gottschalch, Wilfried: Vatermutterkind. Deutsches Familienle-
ben zwischen Kulturromantik und sozialer Revolution, Berlin
1979

Hardach-Pinke, Irene, Hardach, Gerd (Hrsg.) Deutsche Kindheiten. Autobiographische Zeugnisse 1700-1900 Kronberg/Ts.
1978

Hardach-Pinke, Irene.: Kinderalltag. Aspekte von Kontinuität
und Wandel der Kindheit in autobiographischen Zeugnissen
1700 bis 1900. Frankfurt a.M. 1981.

Hardach-Pinke, Irene. Zwischen Angst und Liebe. Die Mutter-
Kind-Beziehung seit dem 18. Jahrhundert. In: J. Martin, A.
Nitschke (Hrsg.): Zur Sozialgeschichte der Kindheit. Freiburg
Jahr?

Hermsen, Edmund. Ariès' „Geschichte der Kindheit" in ihrer
mentalitätsgeschichtlichen und psychohistorischen Problema-
tik. In: Nyssen, Friedhelm, Janus, Ludwig (Hrsg.) Psychogenetische Geschichte der Kindheit. Gießen 1997.

Klein, Melanie. Das Seelenleben des Kleinkindes und andere
Beiträge zur Psychoanalyse. Stuttgart 1983.

Kraul, Margret: Kindheit, Erziehung und Gesellschaft – früher
und heute aus: Projekte für Erziehungswissenschaft in der
Studienstufe

Löhmer, Cornelia. Die Welt der Kinder im fünfzehnten Jahrhundert. Weinheim 1989.

Ludwig (Hrsg.). Psychogenetische Geschichte der Kindheit.
Gießen 1997.

DeMause, Lloyd: Evolution der Kindheit. In: Lloyd deMause (Hrsg.): Hört ihr die Kinder weinen? Eine psychogenetische Geschichte der Kindheit. Frankfurt 1976.

Meurer, Wolfgang: Probleme des Tatbestandes der Misshandlung Schutzbefohlener (§223 b StGB), Diss. Köln, 1997.

Miller, Alice. Das Drama des begabten Kindes. Frankfurt a.M. 1979

Miller, Alice. Du sollst nicht merken. Variationen über das Paradies Thema. Frankfurt a.M. 1981

Miller, Alice. Abbruch der Schweigemauer. Die Wahrheit der Fakten. Hamburg 1990.

Neumann, Karl. Zum Wandel der Kindheit vom Ausgang des Mittelalters bis an die Schwelle des 20. Jahrhunderts. In: Markefka, Nauck (Hrsg.): Handbuch der Kindheitsforschung. Berlin 1993

Nitschke, August, Martin, Jochen (Hrsg.). Zur Sozialgeschichte der Kindheit, Freiburg, Jahr?

Nitschke, A. (Hrsg.): Zur Sozialgeschichte der Kindheit. Freiburg, Jahr?

Nuber, Ursula. Der Mythos vom frühen Trauma. Über Macht und Einfluß der Kindheit.Frankfurt a.M. 1995.

Nyssen, Friedhelm. Die Geschichte der Kindheit bei L. deMause. Quellendiskussion.Frankfurt a.M. 1984.

Nyssen, Friedhelm. Lieben Eltern ihre Kinder? Quellendiskussion zur Geschichte der Kindheit. Frankfurt a.M. u.a.,1989.

Nyssen, Friedhelm, Janus, Ludwig (Hrsg.): Psychogenetische Geschichte der Kindheit. Beiträge zur Psychohistorie der Eltern-Kind-Beziehung. Gießen 1997.

Nyssen, Friedhelm. „Psychogenetische Geschichte der Kindheit" und „historische Demographie": eine gegenseitige Ergänzung? In: Nyssen, Friedhelm, Janus, Ludwig (Hrsg.). Psychogenetische Geschichte der Kindheit. Gießen 1997.

Qvortrup, Jens. Die soziale Definition von Kindheit. In: Handbuch der Kindheitsforschung. Berlin 1993

Petri, Horst: Lieblose Zeiten. Psychoanalytische Essays über Tötungstrieb und Hoffnung. Göttingen, Zürich 1996.

Postman, Neil: Das Verschwinden der Kindheit. Frankfurt a.M. 1987.

Richter, Dieter. Das fremde Kind. Zur Entstehung der Kindheitsbilder des bürgerlichen Zeitalters. Franfurt a.M. 1987.

Shahar, Shulamith. Kindheit im Mittelalter. Reinbek bei Hamburg, 1993.

Shorter, Edward. Der Wandel der Mutter-Kind-Beziehungen zu Beginn der Moderne. In: Geschichte und Gesellschaft 1 (1975), S. 256 – 282.

Shorter, Edward. Die große Umwälzung in den Mutter-Kind-Beziehungen vom 18. bis zum 20. Jahrhundert. In: J. Martin,

Schlumbohm, Jürgen (Hrsg.): Familie und Familienlosigkeit. Fallstudien aus Niedersachsen und Bremen vom 15. bis 20. Jahrhundert, Hannover 1993

Schuster-Keim, Ute / Keim, Alexander: Zur Geschichte der Kindheit bei Lloyd deMause. Psychoanalytische Reflexion. Frankfurt .a.M. 1988.

Sluckin, Wladyslaw/Herbert, Martin/ Sluckin, Alice: Mutterliebe – auf den ersten Blick? Genese und Wachstum einer menschlichen Beziehung. Bern, 1986.

Snyders, Georges. Die große Wende der Pädagogik. Die Entdeckung des Kindes und die Revolution der Erziehung im 17. und 18. Jahrhundert in Frankreich. Paderborn 1971.

Tucker, M.J.: Das Kind als Anfang und Ende: Kindheit in England im fünfzehnten und sechzehnten Jahrhundert. In: DeMause, Lloyd: Hört ihr die Kinder weinen? Frankfurt a.M. 1977.

Tügel, Hanne. Kult ums Kind. Großwerden in der Kaufrauschglitzercybergesellschaft München 1996.

Walzer, John F.: Ein Zeitalter der Ambivalenz: Kindheit in Amerika im achtzehnten Jahrhundert. . In: DeMause, Lloyd: Hört ihr die Kinder weinen? Frankfurt a.M. 1977.

Weber-Kellermann, Ingeborg. Die Kindheit – eine Kulturgeschichte. Frankfurt, 1979.

Winnicott, D. Babies and their Mothers. Beverly. Massachusetts 1986

Wirth Marvick, Elisabeth: Natur und Kultur: Trends und Normen der Kindererziehung in Frankreich im siebzehnten Jahrhundert. In: DeMause, Lloyd: Hört ihr die Kinder weinen? Frankfurt a.M. 1977.

Alexandra Baumbach M.A.

Alexandra Baumbach wurde in Köln am Rhein geboren, studierte Pädagogik, Anglistik und Romanistik in
Köln sowie in Frankfurt am Main, lebte und arbeitete in
Los Angeles, Kalifornien und ist heute im Bereich Kultur & Wissenschaft des öffentlich-rechtlichen Fernse-
hens in Frankfurt am Main tätig.